インド史

南アジアの歴史と文化

辛島 昇

角川文庫

目次

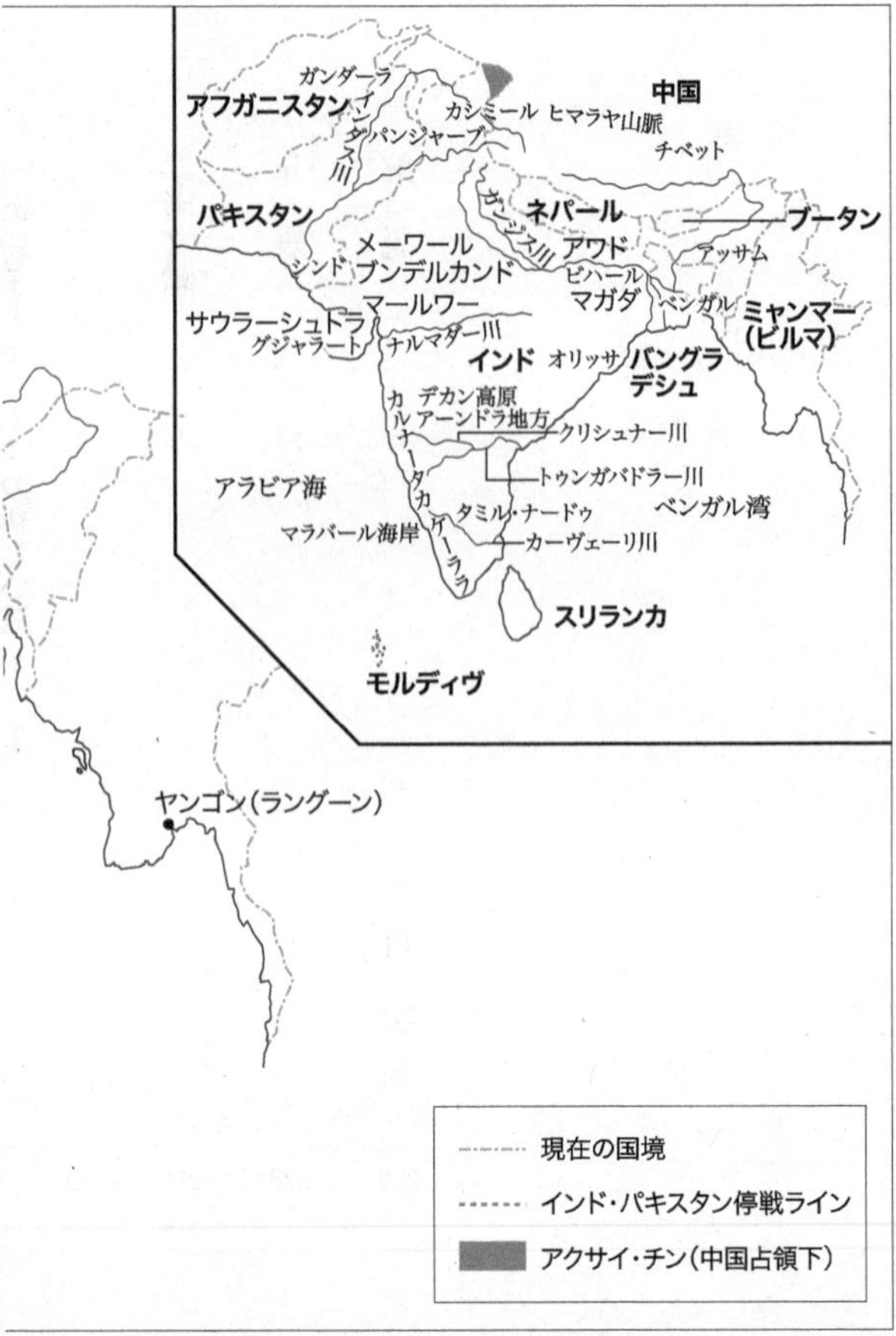
ガンダーラ
アフガニスタン
インダス川
パンジャーブ
カシミール
ヒマラヤ山脈
中国
チベット
パキスタン
ガンジス川
ネパール
ブータン
メーワール
アウド
アッサム
シンド
ブンデルカンド
ビハール
マールワー
マガダ
ベンガル
ミャンマー
(ビルマ)
サウラーシュトラ
グジャラート
ナルマダー川
インド
オリッサ
バングラデシュ
デカン高原
カルナータカ
アーンドラ地方
クリシュナー川
トゥンガバドラー川
アラビア海
ベンガル湾
タミル・ナードゥ
マラバール海岸
ケーララ
カーヴェーリ川
スリランカ
モルディヴ
ヤンゴン(ラングーン)
現在の国境
インド・パキスタン停戦ライン
アクサイ・チン(中国占領下)

全インド地図
イスラマバード
プルシャプラ（ペシャーワル）
カーブル
ガズナ
タクシャシラー（タクシラ）
アムリトサル
ラーホール
カンダハール
ハラッパー
ラサ
アーグラ
デリー
カナウジ
カトマンズ
モエンジョ・ダーロ
マトゥラー
ラクナウ
アジメール
ダッカ
グワリオール
ウッジャイン
アラーハーバード
ヴァーラーナシー
アフマダーバード
パータリプトラ（パトナ）
ラージャグリハ（ラージギール）
コルカタ
スーラト
アジャンター
エローラ
デーヴァギリ（ダウラターバード）
プネー
ムンバイ
アフマドナガル
カリヤーニ
ハイダラーバード
（ハイデラバード）
グルバルガ
ビージャプル
バーダーミ
マスリパタム
ゴア
ヴィジャヤナガル（ハンピ）
チェンナイ
カーンチープラム
マーマッラプラム
セリンガパタム
シェンジ
（シュリーランガパトナ）
（マハーバリプラム）
ポンディシェリー
コーリコード（カリカット）
アリカメードゥ
カーヴェーリパッティナム
コチ
マドゥライ
N
タンジャーヴール（タンジョール）
コロンボ
0
100
200
300km

写真　大村次郷

1　諸民族の来住とインダス文明

インド亜大陸の言語事情

インド亜大陸で大都市の街角に立てば、そこを通る人びとの容貌《ようぼう》や皮膚の色は実にさまざまで、彼らの話す言葉も決して一つではないことがよくわかる。インド共和国では、連邦と州の両方のレベルで多数の言語が公用語に定められている。また、憲法には十八〔注：二〇二二年には二十二〕の言語が重要な言語として記載されていて、紙幣もそれらに対応する異なった文字で印刷されている。そのような多言語状況はパキスタンでも同様であり、インド亜大陸の各地で話されている言語の数を合わせれば、数百にものぼるといわれる。そのことのもつ意味を理解するために、ここで個人的な体験を少々述べさせていただこう。

私は、一九七〇年代のはじめ家族とともに二年ほど、インド共和国の南部、カルナータカ州のマイソールの町に住んだことがある。住宅街の病院通りという通りに、八軒の同じような家が並んでいて、私たちはその一軒を借りて住んだ。その通りでは、私たちを除けば皆インド人だというのに、皆が意思を疎通させることができるのは、英語なのである。私たちと彼らの間だけの話ではない。彼ら同士の間でも同じだったのである。正確にいえば、八軒の内二軒の人が話す言語は同じであったが、私たちを含む六軒で話される言語が、皆違ったからである。

我が家の右隣はコルカタからきていてベンガル語を話す一家、左隣は、南インドではあるがテルグ語を話す州からきている一家といった具合に、出身地が違ったり、あるいは、イスラーム教徒なのでウルドゥー語であるとか、それぞれの母語が異なっていた。連邦レベルの公用語であるヒンディー語の知識を多少はもっている人がいても、誰もそれで話そうとはしないし、ヒンディー語を母語とする家は一軒もなかったのである。したがって、皆が一緒になれば、当然、英語で話をしたし、母語が違えば、どの二人の間でも自然と英語が使われた。

もちろん、これはマイソールという都会での話であって、それもマイソール王国の首都であったこの町には、大学や有名な研究所があって、インドの各地から人が集まってきているという事情があった。したがって、六軒の人たちの教育度も高く、家族を含めてほとんどの人が英語を話せたのである。これが小さな村ででもあれば、もちろん英語は通じないし、当然、皆が同じ言語を話しているわけだから、状況はまったく異なる。しかし、南アジアの諸国では、このマイソールのようなケースが増えつつあるのである。

インド共和国では、話者人口その他、いろいろの重要度を考慮して、先に記したように、多数の言語を憲法に記載し、同時に、連邦レベルと州レベルでの公用語を定めている。そもそもインドでは、ある一つの有力な言語がまとまって話されている地域が州にされていて、多くの場合その言語は州レベルでの公用語とされているのであるから、大雑把にいえば、州の数に近い公用語があることになる。ただし、その州の最有力言語ではなくても、いろいろの事情で、ヒンディー語や英語を公用語とする州もあり、州の数と公用語の数は一致しない。

そのような状況のなかで、国語となると、さらに難しい問題が起こってくる。インド政府は、話者人口が一番多く、かつ首都圏の言語であるヒンディー語を国語にすべく、独立以来いろいろの方策を講じているものの、それを唯一の国語にしようとすると、決まって南部のタミル・ナードゥ州から反対の声が上がる。対応を誤ると、暴動が起こるのである。後述するように、タミル語は、ヒンディー語の属するアーリヤ系統と異なるドラヴィダ系統の言語であって、タミル語を母語とする人たちにとっては、ヒンディー語を国語とすることは、実利的にも、感情的にも我慢ならないことなのである。タミル・ナードゥ州で当時政権にあった政党は、元来、反アーリヤ、反ヒンディーという政策によって力を伸ばしてきたのであった。

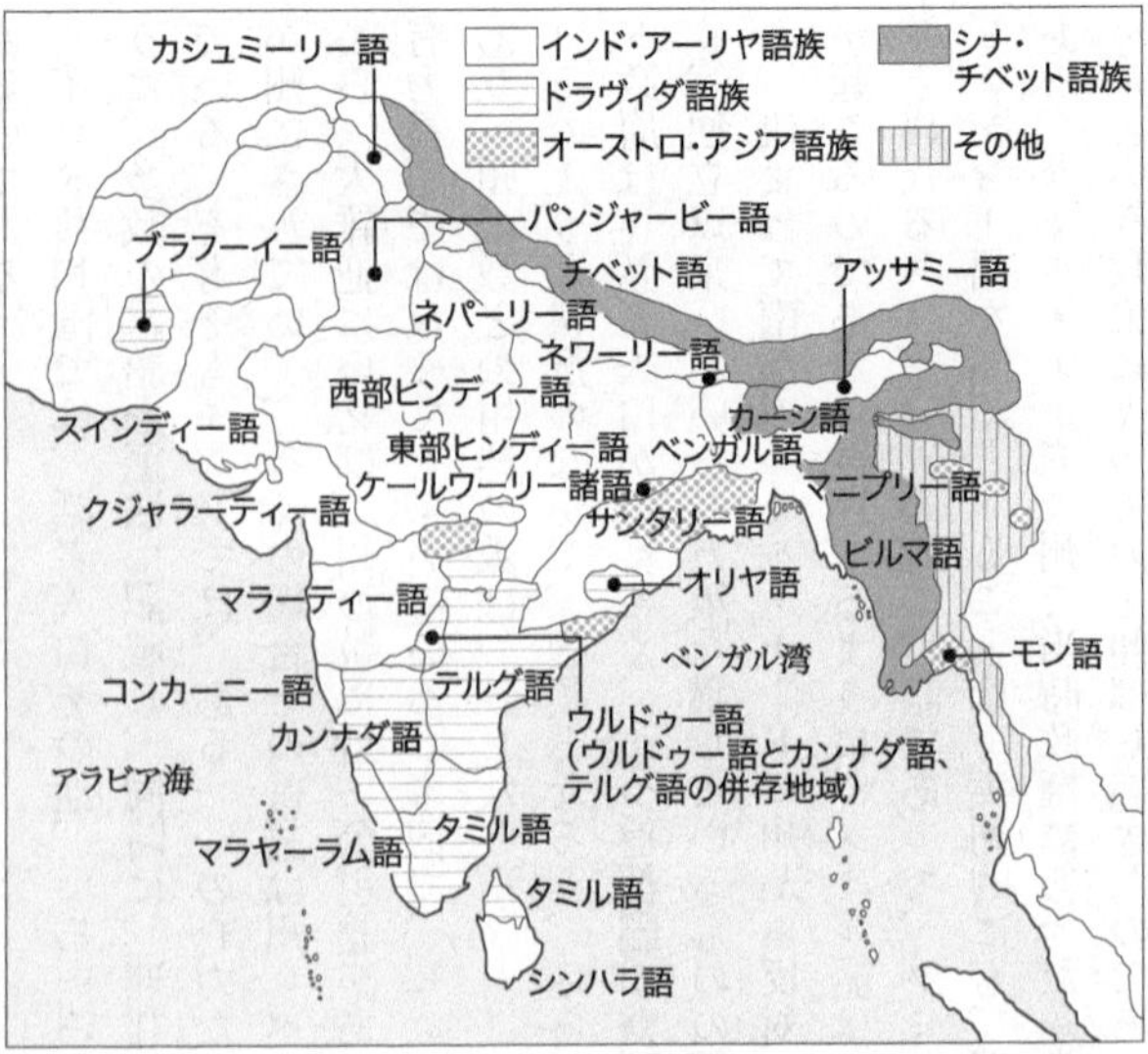

南アジアの言語地図

スリランカでは、大雑把にいって、シンハラ語を話す人たちが人口の八〇パーセント、タミル語を話す人たちが二〇パーセントであるが、シンハラ・タミル民族紛争の大きな原因は、タミル語を公用語として認めなかった政府の政策によるものである。

言語問題が複雑なのはパキスタンも同様で、そこではイスラーム教国という理由から、ウルドゥー語を国語と定めていて、その限りでは問題はないのであるが、ウルドゥー語を母語とする人たちは、実はなんと七パーセントに過ぎないのである。パキスタンで最大の母語集団を擁するのは、四九パーセント〔注：二〇一七年統計では三九パーセント〕の話者人口をもつパンジャービー語である。

このように見てくると、南アジアの言語事情がまことに複雑なことがわかるであろう。言語が暴動や民族紛争の種になるのは、それを話す人たちが過去に重い歴史、いってみれば、民族の歴史を背負っているからである。民族文化というものは、長い時間をかけて築きあげられてきたものなのである。ただ、民族紛争と言語についてだけいうならば、重い歴史と人びとが思い込んでしまっているところ、あるいは、思い込まされてしまっているところに原因があるのかもしれない。

いずれにせよ、その真相を理解するためにも、そして何よりも、南アジアに築かれた文化を理解するために、我々は過去の歴史のなかに分け入っていかなければならない。その手はじめに、南アジアの数多くの言語がどのようなグループにまとめられ、それらのグループがいつ、どのようにしてインド亜大陸にやってきたのか、それを以下に見てみよう。

諸民族の来住

南アジアの地に見られる数多くの言語も、語族としてまとめてみると、インド・アーリヤ語、ドラヴィダ語、オーストロ・アジア語、シナ・チベット語の四つのグループとなる。ここではまず、それらのグループの特徴と、彼らがいつごろから、どのようにしてインド亜大陸に住みつくようになったかを見てみよう。

インド・ヨーロッパ語族の一支派として、ヨーロッパの諸語とも親縁関係をもつインド・アーリヤ語グループの来住（紀元前一五〇〇年ころ）については、後に記すとして、まず、オーストロ・アジア（南アジア）語の場合、このグループに属する言語は、現在では、もっぱら亜大陸中部のヴィンディヤ山脈中に住む、サンタール、ムンダーなどのいわゆる部族民によって話されている。アッサム北部のカーシ語もこれに属する。実はこの言語は、亜大陸外で東南アジアとのつながりをもち、ヴェトナム語、カンボジアのクメール語、ビルマ（現ミャンマー）のモン語などがこのグループに属している。

しかし、彼らがインド亜大陸にいつ、どこからやってきたのかは、はっきりしない。ただ確かなことは、彼らが現在のように少数の山地の部族民だったのではなく、紀元前四〇〇〇年、前三〇〇〇年といった古い時代に、インドの各地に居住して大きな勢力をもっていたことである。それはオーストロ・アジア語として解釈できる地名が、今日のインド各地に残り（例えば、ガンジス川を表すガンガーもその一つで川を意味する）、また、彼らのものと考えられる文化要素が、今日の亜大陸の文化の中で大きな重要性をもつことから推定される。すなわち、後代のヒンドゥー教の中でシヴァ神と結びつけて崇拝されるリンガ（男根）は、オーストロ・アジア語であるとされ、カレーの黄色い色をだすウコンは、顔や体に塗られたり、また、吉祥を表すシンボルとしてインド文化（ヒンドゥー文化）の中で重要な役割を果たしているのであるが、そのウコンの使用や稲の栽培も、彼らの文化に由来するといわれる。

彼らは、後に亜大陸に進出したドラヴィダ民族やアーリヤ民族によって同化されて、一部が山中にとり残されたわけであるが、以上のように、インド亜大陸の文化形成に重要な役割を果たし、また、東南アジアの文化を基層においてインド文化とつなげる役割をも果たしてきたのである。

シナ・チベット語のグループは、中国語、チベット語、ビルマ語、タイ語などと関係づけられる言語を話すグループである。現在の分布からすると、カシミール、ネパール、ブータン、アッサムなど、ヒマラヤに近い高地で、やはり主として部族民の言語として残っているが、ネパールのネワーリー語、アッサムのマニプリー語などもこのグループに属している。彼らの居住地区がチベットやビルマに近い北部・東部の山中に限られているので、彼らがある時期に亜大陸の全域に広まっていたとは考えられないのだが、彼らも、紀元前何千年紀かに亜大陸に進出し、紀元前一千年紀には低地のガンジス川流域に進出していたらしい。すなわち、ゴータマ・シッダールタ（ブッダ）を生んだシャーキャ族や、古代インドの名門リッチャヴィ族なども、この言語グループに属していたのではないかとされる。したがって、彼らもまた、古代のインド文化の形成に、大きな役割を果たしているのである。

ドラヴィダ語を話すグループについては、もともとどこに住んでいたのか、その故地がよくわからないものの、おそらくは中央アジアか西アジアのどこかにいて、それがまずイラン東部の高地に移り住み、そこから、紀元前四千年紀中ころにインド西北部に進出したらしい。二十以上数えられるこのグループ諸語の現在の分布は、亜大陸西北のバルーチスタンや、ガンジス川下流域にも二、三見られはするものの、他はすべて中部インド以南の南インドで、とくに文字と文学をもつテルグ語、カンナダ語、タミル語、マラヤーラム語の四者は、インド共和国の南部四州を形成している。

それは、インド西北部に進出したグループが、その後、紀元前一五〇〇〜前一〇〇〇年の間に分裂して、主力は南部支派として南進したことによるものと考えられる。彼らのインド文化への貢献は、現在の話者人口がインド共和国総人口中の二〇パーセントを占めることからわかるように、甚大であったと推定される。

最近では、紀元前二三〇〇〜前一八〇〇年ころ西北インドで栄えたインダス文明の主な担い手が彼らであったと考えられるようになってきているので、彼らのインド文化への寄与は、インダス文明との関連で記すことにしよう。

インダス都市の繁栄

インダス文明（ハラッパー文化とも呼ばれる）の特徴は、都市文明であることで、モエンジョ・ダーロ、ハラッパーはずば抜けて大きい都市であったが、その他、カーリーバンガン、ロータルなど、今日では二〇以上の都市の存在が知られ、村落規模のものも含めると、三百近いその遺跡の分布は、東西南北に大きな広がりをもっている。最近、インド共和国のグジャラートで、ドーラーヴィラーというモエンジョ・ダーロ級の大都市の跡が見つかっている。主要都市は大きな河川のほとりにあり、国家の構造として、水系によってつながれた都市連合のような形を考えることも可能であろう。大きな都市では、多くの場合、西側が高台の城塞《じょうさい》地区で、東側に住民の居住区が広がる形がとられていて、都市の区画も南北に走る大通りを中心によく整備されている。建築には焼き煉瓦《れんが》と日干し煉瓦がもちいられており、モエンジョ・ダーロでは、城塞部だけでなく一般住居でも、ほとんどの場合焼き煉瓦がもちいられている。城塞の上には宗教施設など公共の建物があったようで、モエンジョ・ダーロの場合、プールのような沐浴場《もくよくじょう》（？）が残っている。注目されるのは、城塞部でも居住区でも、水に関する施設が多く、排水口がよく整備されていることである。この文明では、おそらく水が重要な宗教的意味をもっていて、それに関する儀礼が発達し、城塞の沐浴場（？）と一般住居内の排水口をもった小部屋も、その目的のためのものではなかったかと考えられる。

遺物としては、良質の粘土を使って轆轤《ろくろ》で大量生産されたピンク色の土器があり、かなりのものに彩文《さいもん》が見られる。濃い赤の化粧がけの上の黒彩が多く、文様は、水平線文、交差円文、木の葉文などさまざまである。彫像は多くなく、小さな石像や青銅像が少数出土しているが、他にテラコッタの地母神像や動物像などが多く残されている。

他に注目すべきものとして、凍石製《とうせきせい》の印章がある。多くのものは、一辺が二〜五センチ、厚さ一センチ弱の正方形で、背面につまみがあり、表面に動物の姿や文字が陰刻されている。粘土に捺《お》されたものも残っており、荷物をつめた袋の口を締め、その所有者（?）を示す封泥《ふうでい》としてもちいられたとも想像されている。二千個近い印章の過半数はモエンジョ・ダーロの出土であるが、他の都市からも、またメソポタミアの遺跡からも出土している。

それに刻まれた文字、すなわち、いわゆるインダス文字は未解読であるものの、コンピューターをもちいた研究によると、その文字によって表された言語がドラヴィダ語ではないかとされるようになってきている。ただ、アーリヤ語や西アジアのシュメール語と考える研究者もあり、とくにメソポタミアとの交流関係は種々の点で注目される。シュメール文字との類似も大きい。

しかし、ドラヴィダ民族が文明の主たる担い手であったとする考えは、前述のイン

インダス文明の遺跡の一つ、モエンジョ・ダーロ　奥に仏塔跡、手前は儀礼用の沐浴場となっている。遺跡はすべて焼成レンガで、その一部分は、地下水に含まれた塩分によって破壊が進んでいる。

モエンジョ・ダーロ出土の印章　1232個のうちの一つ。

ド亜大陸への諸民族の来住の歴史によく適合するように思われる。

この文明の重要性は、さらに、そこに見られる文化要素が、後のインド文化の中にいろいろの形で見られる点である。すなわち、前述の水の宗教的重要性に加えて、牡《おす》牛《うし》の崇拝、星の重要性、菩提樹《ぼだいじゅ》の神聖視、また印章の中にシヴァ神と結びつく獣主かと思われる画像があり、さらに、リンガとされる遺物も発見されているなど、それらの文化要素が後代のインド文化の中でもつ重要性を考慮すれば、インダス文明は、インド文化の源流をなすものと考えられるのである。

この文明の成立は、都市の出現が急速であったという以外、よくわからない。滅亡の原因としては諸説があるが、近年、海岸部などの地殻の変動で河川の氾濫《はんらん》や流路の変更が起こって、インダス川下流域の大都市の機能が破壊され、水系に依存した文明全体が機能しなくなったのではないかと考えられるようになってきている。

すなわち、衰亡のしかたを見ると、インダス川下流域では、紀元前一八〇〇年ころを境に文明は急激に滅亡し、上流のパンジャーブ地方では、徐々に村落文化へと退行して、紀元前一五〇〇年ころに進出してきたアーリヤ民族と共存したらしく、また、サウラーシュトラ・グジャラート地区では、紀元前一八〇〇年ころから徐々に新しい文化要素が見られるようになり、インダス文明の特徴が失われていくことになった。

2　アーリヤ民族の進出

アーリヤ民族の来住

すでに記したように、紀元前一八〇〇年ころから、都市文明としてのインダス文明は、衰退に向かった。インダス川下流域では都市の消滅とともに文明は消え去り、上流のパンジャーブ地方では、人びとは都市を放棄して村落に住みつくようになった。同じころ、サウラーシュトラ地方では、インダス文明に代わる新しい文化が見られるようになってきた。

その後、紀元前一五〇〇年ころになると、西北インドへのインド・アーリヤ民族の来住がはじまった。彼らは、言語的には広くヨーロッパの諸言語を含むインド・ヨーロッパ語族の一派で、その共通の祖先たちの居住した故地（東部ヨーロッパ？）からきわめて古い時代に東進し、その後、カスピ海沿岸からイラン東北部を通ってインドに進出したと考えられている。同じく東進したグループのうち、別の一派は、紀元前一〇〇〇年ころにイラン台地に進出して、イラン民族を形成した。

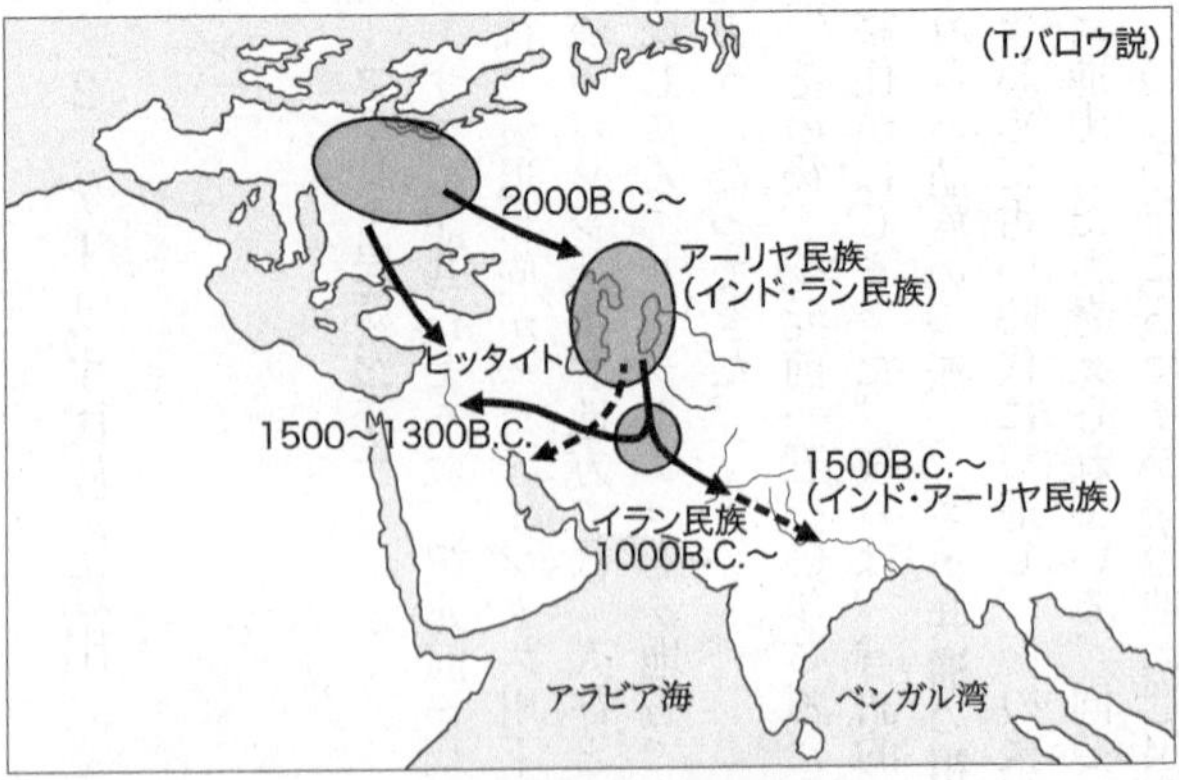

アーリヤ民族の移動経路

さて、インド亜大陸西北部に移動してきたインド・アーリヤ民族（以下、アーリヤ民族あるいはアーリヤ人）は、オーストロ・アジア民族、ドラヴィダ民族などよりなる先住民の居住するパンジャーブの地を占拠した。戦いの相手となった先住民たちは、アーリヤ民族最古の文献で、紀元前一二〇〇年ころに成立したとされる『リグ・ヴェーダ』の中で、ダーサあるいはダスユと呼ばれ、黒い肌、低い鼻、牡牛《おうし》のような唇をもち、男根を崇拝するなどと記されている。

一方、白い肌をもっていたアーリヤ民族は、雷（インドラ）、火（アグニ）、暴風（ルドラ）、暁（ウシャス）、風（ヴァーユ）、太陽（スーリヤ）など、自然の力・自然現象を擬人化して崇拝した。中でも雷神インドラと火神アグニが大きな力をもち、『リグ・ヴェーダ』では数多くの賛歌がこの二神に捧《ささ》げられている。アーリヤ人たちはインドラ神の指揮のもとに先住民たちをうち破ったとされている。その勝利は、通常、青銅製の勝《すぐ》れた武器と馬に引かせる二輪の戦車によるものと考えられているが、それについては考古学的証拠が乏しく、進出は平和裡《り》に行われたものであったようにも想像される。

アーリヤ民族は、元来が牧畜民であり、農耕民である先住民を政治的には支配下におきながら、経済的には彼らと共存関係を結んだらしい。パンジャーブの地でアーリヤ民族はいくつもの部族に分かれて定住したが、各部族はラージャンと呼ばれる部族長に率いられ、またラージャンを補佐するものとしてプローヒタと呼ばれる司祭長が力をもっていた。部族としての紐帯《ちゅうたい》は非常に強く、重要な決定はすべて部族集会で行われていた。また一方で、牛の争奪を目的とする部族間の戦いもしばしば行われたらしい。

彼らは、先住民を皮膚の色によって自分たちと異なるものとして区別していたが、共存しているうちに混血も行われ、彼らから文化的に多くの影響をうけたことが知られている。『リグ・ヴェーダ』の中にすでにドラヴィダ語からの借用語が見られ、また、オーストロ・アジア系の神話もとり入れられているという。

ガンジス川流域への進出

紀元前一〇世紀ころになると、アーリヤ人たちは、インダス川上流域から東進してガンジス川流域に進出するようになる。後代の文献には、アーリヤ人たちが、けがれた土地を聖火によって浄化する火神アグニにしたがって、ガンジス川中流域に進出していくさまが記されているが、アーリヤ人たちはガンジス川流域の森林を焼き払い、また、そのころから使用の開始された鉄器をもちいて開拓を進めていったらしい。

考古学的にその進出を示すのは、彩文灰色土器《さいもんかいしょく》と呼ばれ、灰色の地に彩文をほどこして硬く焼成した土器で、ガンジス川上流域を中心にパンジャーブ地方東部からガンジス川中流域にかけて分布している。年代は、紀元前一一〇〇年から前六〇〇年ころとされ、この土器を出土する層は、鏃《やじり》、槍先《やりさき》、斧《おの》などの鉄器をも含んでいる。

後代に成立する有名な叙事詩『マハーバーラタ』に描かれているバラタ族の大戦争が行われたのは、このころと考えられ、実際に叙事詩にでてくる都市の跡がガンジス川上流域で数多く発掘されている。その一つ、バラタ族の都として名高いデリー北方のハスティナープラの遺跡では、下層からはアーリヤ人進出以前の文化に属する赭色《しやしょく》土器が出土し、中間に彩文灰色土器文化層があり、上層には後述する紀元前六〇〇年以降の北方黒色磨研土器を出土する層が見られる。

神々への賛歌『リグ・ヴェーダ』が成立したのは紀元前一二〇〇年ころであったが、

紀元前一〇〇〇年ころには、さらに、詠唱を目的とする『サーマ・ヴェーダ』、祭礼を扱う『ヤジュル・ヴェーダ』、また、呪法《じゅほう》を中心にした『アタルヴァ・ヴェーダ』の三つのヴェーダが生みだされた。紀元前八〇〇年ころになると、以上のいわゆるサンヒター（ヴェーダ本集）に付随して、それを解説するブラーフマナ文献が生みだされ、さらにその後、紀元前六世紀ころには、アーラニヤカ（森林書）、ウパニシャッド（奥義書）と呼ばれる付随文献も書かれるようになった。

アーリヤ民族がインドに進出し、西北部のパンジャーブ地方にとどまっていた紀元前一五〇〇年から紀元前一〇〇〇年ころまでの状況は、主として『リグ・ヴェーダ』によって知ることができるが、その時期を「前期ヴェーダ時代」と呼び、紀元前一〇〇〇年ころにガンジス川流域への進出がはじまってから紀元前五〇〇年ころにガンジス川上中流域を中心に国家が成立するようになるまでの期間を、以上のように、他のヴェーダ文献が生みだされていることから、通常、「後期ヴェーダ時代」と呼んでいる。

バラモン教社会の成立

後期ヴェーダ時代、ガンジス川流域に進出したアーリヤ人たちは、森林を開拓して定住し、農耕を行うようになった。前期ヴェーダ時代の農業生産は大麦が主体であったが、後期ヴェーダ時代には、徐々に小麦と米の生産が一般化するようになってきている。種々の豆類もつくられるようになった。鉄製の農具はほとんど発見されず、犂《すき》はまだ木製だったようで、それを二頭・四頭などの牛に引かせて耕作を行ったらしい。このような牧畜から農耕への生産活動の変化にともなって、社会の組織も大きく変わっていった。

すなわち、部族的な紐帯はなお維持されたものの、国家的組織ができあがるにつれて部族長ラージャンは「王」となり、およびそれを支えるラージャニヤ（クシャトリヤ）と呼ばれる王族・武人集団が形成された。また、種々のヴェーダ文献の成立とともに、ヴェーダの祭りを行う司祭者（バラモン）たちの力も強くなってきた。彼らは、自己の特権を主張して、一般庶民（ヴァイシャ）と自分たちを区別するようになり、したがって、アーリヤ人の社会は、この時代になると、大きく、王族・武人（クシャトリヤ）、司祭者（バラモン）、庶民（ヴァイシャ）という三つの階層に分かれるようになってきた。

このアーリヤ人の社会の中には、すでに数多くの先住民たちもとり込まれて、混血も進行していたが、先住民たちは隷属民（シュードラ）として差別され、アーリヤ人への奉仕を強いられていた。王族・武人集団と司祭者たちのどちらがより上位におかれるかが定まっていないなど、いまだはっきりした形はとっていないものの、ここに古代的身分秩序の成立を見ることができる。身分の別は、色を意味するヴァルナという言葉によって表されたが、それは最初の区分、すなわち、アーリヤ民族と先住隷属民族の区別が皮膚の色によってなされたことに由来していよう。いずれにせよ、この四つの区分を示す身分秩序は、後代にインド社会を律することとなったカースト制度の外枠をなすヴァルナ制度の原型であるということができる。

『リグ・ヴェーダ』の中で有力であったインドラ、アグニなどの自然神は、後期ヴェーダ時代には次第に勢力を失い、造物主プラジャーパティのような抽象的な神格が崇拝されるようになってきている。崇拝のしかたも、従来の祈禱《きとう》に加えて、犠牲を捧げる供犠《くぎ》の重要性が増大した。バラモンたちは、王の戦勝を祈願して、牛や馬の犠牲をともなう大規模な供犠を行い、また、各氏族や家庭でも神をなだめるための供犠が彼らの手でとり行なわれるようになった。

この供犠の発達がバラモン階層の力を増大させ、彼らは、祭式を中心とするバラモン教をつくりあげていった。国土の豊饒《ほうじょう》、国家の安泰、王家の繁栄を願って大王の行うアシュヴァメーダ（馬祀祭《ばしさい》）の際には、馬をはじめとするおびただしい種類の動物が犠牲として捧げられ、莫大《ばくだい》な贈物が司祭者であるバラモンに与えられたらしい。王の財源は、戦勝による獲得物のほかは、庶民（ヴァイシャ）から差しだされる貢納であり、バラモン階層の収入は、祭祀に際しての贈物であった。

当時の社会については、それを奴隷制社会であったとする議論もあり、確かに『リグ・ヴェーダ』で先住民を意味したダーサと同じくダーサと呼ばれ、しかし意味は変化して、自由を奪われた奴隷を意味する者の存在が文献から知られている。しかし、そのダーサは主に家内奴隷として家事労働に従事していて、数もそれほど多くなく、農業労働は基本的にヴァイシャとシュードラが行っていたらしい。先住民を主体とするシュードラ階層は、しばしば「奴隷」と訳されているが、自由を奪われたダーサとは異なり、理念的に、より上位の司祭者・王族・庶民階層に奉仕するのを義務とされるという意味での隷属民であって、社会経済史でいう「奴隷」とは異なっている。

したがって、当時の社会を奴隷制社会と規定するには、いささか無理があるように思われる。事実、シュードラという語は、次の時代にヴァイシャが「商人」を意味するようになると、「農民」を意味するようになってくるのである。また、先住民のうちで、狩猟民や皮革を扱うなどしていた部族民は、シュードラの身分をも与えられず、アーリヤ人にとってけがれていると考えられる職業を生業《なりわい》とする賤民《せんみん》(不可触民《ふかしょくみん》)として、社会の中に組み込まれていった。この時代には、別の村をつくって生活していたらしい。

変革思想の出現

このように、アーリヤ民族が、ガンジス川流域に進出して定住農耕社会が形成されると、先住諸民族との接触はいっそう深まって、その文化が支配層を形成するアーリヤ民族の文化に大きな影響を与えるようになった。例えば、ヴェーダ文献の中でも『アタルヴァ・ヴェーダ』に集められた呪法は、ほとんどが先住民族の間で行われていたものであり、ブラーフマナ文献の中におけるドラヴィダ語からの借用語はきわめて多数にのぼるとされている。紀元前六世紀以降に成立するウパニシャッド文献の中には、その後のインド宗教思想の中心的テーマとなる輪廻《りんね》転生の考えが見いだされ、そこでは瞑想《めいそう》もまた大きな役割を与えられているが、それらは本来アーリヤ民族のものではなく、先住民族の文化の中に存在していたものであるという。

このウパニシャッド文献は、それ以前の神々の賛歌・呪法・祭式の解説などと異なり、大変に思弁的内容をもち、そこには宇宙の本質や自己についての哲学的探求が見られる。宇宙の根本原理としての梵《ぼん》（ブラフマン）と個々人のもつ自己としての我（アートマン）とが実は同じものである（梵我一如）ということを認識することによって、宇宙の根本原理をさとり、輪廻を断ち切って解脱《げだつ》できるのだというきわめてインド的な考え方も、その中で初めて展開されている。それは、バラモンの説く祭式至上主義からは大きな転換であり、別の表現をすれば、バラモン教が先住民の民間信仰をとり入れながら、自己改革をはじめたのだということができる。

そしてこの時代には、そのような内部的な思想の改革と同時に、外部でも新しい思

タイ・バンコク都心の交差点で現在も祀られるブラフマン像

想が展開されるようになってきた。紀元前六世紀（紀元前五世紀・紀元前四世紀の異説もある）に生まれたゴータマ・シッダールタ（ブッダ）によって説かれた仏教、ヴァルダマーナ（マハーヴィーラ）によって説かれたジャイナ教は、そのようにバラモン教に挑戦する革新的思想としてガンジス川中流域の地に生まれたのであった。

3　仏教とマウリヤ朝

ガンジス川流域での国家の出現

紀元前六〇〇年を過ぎると、ガンジス川流域の社会に新しい思想がめばえてくる。その一つであるウパニシャッドの哲学は、バラモン教の内部的革新というべきものであったが、それとは別に、新しい宗教として興ったのが仏教とジャイナ教である。それらがガンジス川中流域に出現したことは注目に値する。それは、この新しい思想の台頭が、アーリヤ社会の変動と対応していることを意味するからである。

ガンジス川上流域の地は、アーリヤ民族の東進が開始されてすぐに占拠され、そこにはクル、パンチャーラなどの有力部族が定住し、バラモン文化が形成された。それに反し、ガンジス川中流域は遅れてアーリヤ人の進出を見た土地で、しかもその地には、シナ・チベット系、オーストロ・アジア系などに属する非アーリヤ系の部族集団がなお多く存在していた。ブッダを生んだシャーキヤ族は、ガンジス川中流域北部にいたシナ・チベット系の部族であり、マハーヴィーラの母が属したリッチャヴィ族も同様に、有力な非アーリヤ系の部族であったと考えられている。

もちろん、それらの非アーリヤ系部族も、アーリヤ民族の進出とともにバラモン教的世界の中に組み入れられていくのであるが、中流域における状況は、上流域のそれとは大きく異なっていた。上流域においては、部族集会の伝統が強く、王権は強化されなかった。また、王は数多くの供犠によってバラモンへの多額の布施を強いられたため、富の蓄積も十分にはなされなかった。それに反して、中流域では、部族のつながりが弱まり、バラモン教の伝統からも比較的自由であった。そのため、王は商業を保護して富を蓄積し、王権を強化することができたのである。

仏典では、ブッダの時代に、十六大国（都市国家）があったと記されている。それらは、主にパンジャーブ地方（ガンダーラ国など）、ガンジス川上流域（クル国、パンチャーラ国など）、さらにガンジス川中・下流域（マガダ国、コーサラ国など）にわたって分布していたが、その中で強力な国家として成長するのは、中流域の諸国家であった。

アーリヤ民族の東進と関係づけられる彩文灰色土器は、ガンジス川上流域からヤムナー川との合流点あたりまでに分布する。それより下流の中流域では、後期ヴェーダ時代を通じて黒縁赤色土器が使われた。黒縁赤色土器は、インダス文明末期にサウラーシュトラ地方に出現し、中部インドをへてガンジス川中流域にまで見られたものであるが、彩文灰色土器と黒縁赤色土器は、紀元前五〇〇年ころを境に、硬質で黒色の光沢をもつ北方黒色磨研土器にとって代わられる。なお、黒縁赤色土器は、その後も南インドの巨石文化（後述）に随伴して出土する。

北方黒色磨研土器を含む文化層に見られる金属は、ほとんどが鉄器で、農機具も多く見られるようになっている。十六大国の首都であったラージャグリハ（マガダ国）、シュラーヴァスティー（コーサラ国）、カウシャーンビー（ヴァツァ国）、ヴァーラーナシー（カーシ国）などの遺跡からは、いずれも、この北方黒色磨研土器が出土している。それらの都市は、城壁をもち、建物には部分的に焼き煉瓦《れんが》や石がもちいられた。また、陶製の輪を積み重ねた井戸も発見されている。

マガダ国の発展

これらの新しく台頭したガンジス川中流域の国家のうちで、最強となったのは、マガダ国である。ブッダと同時代で、仏教にも援助を与えたマガダ国王ビンビサーラは、主として婚姻政策によって領土の拡大に努めた。父王を殺して即位したといわれる子のアジャータシャトルは、長い争いの後、コーサラ国を服属させ、カーシ国とヴァイシャーリー国を併合した。つづく時代、新しい首都パータリプトラ（現パトナ）が築かれ、さらにその後、ウッジャインを都とするアヴァンティ国をも服属させて、マガダ国の領土は拡大した。

マガダ国がこのように発展できたのは、地の利と交通の便がよく、領土が肥沃《ひよく》な沖積土で雨量も多く、森林を切り開けば、豊かな農業生産が約束されていたからである。それに加えて、初期の都ラージャグリハから遠からぬところに豊かな鉄鉱床があり、また象を大規模にもちいる戦法を編みだしたためともいわれている。さらに、歴代王朝の王たちが部族集会や貴族による制肘《せいちゅう》をうけない強力な王権を行使できたからであったと考えられる。

マガダ国が領土を拡大したころ、ガンジス川上流域からパンジャーブ地方では、部族制国家の発展したいくつかの小国が争っていた。その状況を利用して、アケメネス朝ペルシアのダレイオス一世は、紀元前六世紀末この地に侵入し、インダス川以西の地を属州（サトラッピー）の一つとした。その後、アケメネス朝の地は、アレクサンドロスの率いるマケドニア軍に蹂躙《じゅうりん》され、紀元前三二六年、アレクサンドロスは、インダス川の流域にまで侵入した。マガダ国ではナンダ朝が成立していたが、その軍事力の強大なことを聞いた兵士たちは進軍をこばみ、アレクサンドロスは、そこから軍をもどした。王の死後、西アジアの征服地は、将軍の一人セレウコスの支配するところとなった。

ちょうどそのころ、マガダ国では、マウリヤ朝の始祖チャンドラグプタがナンダ朝を倒し、王位についた（紀元前三一七年ころ）。その後、彼は、セレウコス朝と戦ってアフガニスタン東部の地をも獲得し、東はベンガル、南はデカンにいたる広大な地域を統一し、マウリヤ帝国を築きあげた。

このように、マガダ国が発展していく過程で、アケメネス朝の支配を通じてインドにイラン文化がもたらされ、セレウコス朝を通じてギリシア文化が伝えられたことは、マウリヤ朝の支配に新しい要素を導入することになった。パータリプトラのクムラハ

アショーカ王柱　30本のうち半数が現存している。
(ヴァイシャーリー、ビハール州)

ール地区で発見された当時の宮殿址《あと》には、八十本の大きな石柱をもつ広間の跡があり、そこには、明白にイラン文化の影響が見られる。三代目のアショーカ王が各地に大きな石柱を立てて詔勅《しょうちょく》を刻ませたことや、その柱頭の様式にもまたそれが見られる。

マウリヤ朝期の社会

マウリヤ朝の統治制度や社会については、セレウコス朝からパータリプトラのチャンドラグプタの宮殿に使者として派遣されたギリシア人メガステネースの残した記録『インド誌』と、チャンドラグプタの宰相チャーナキヤ（カウティリヤ）が著したとされる王国統治の綱要書『実利論』によって知ることができる。

それらによると、帝国は、ガンジス川流域の直轄領と、遠方のいくつかの州によって編成され、西北インドのタクシャシラー（タクシラ）、西インドのウッジャイン、東インドのトーサリーなどの州には、王子が派遣されて統治にあたった。

中央政府には、顧問官、宮廷祭官、軍司令官、大臣などがいて、その下に種々の職務からなる膨大な数の官僚群がいた。また、地方統治のためにも、徴税、土地測量、水利施設管理などにたずさわる多数の官吏が存在した。さらに軍事組織も、歩兵、騎兵、戦車、象軍の四部隊よりなる完備した機構をもつなど、マウリヤ朝は、西方文化の影響をうけつつ、それまでのインドには見られなかった強力な専制国家を築き上げた。

当時の社会では、後期ヴェーダ時代以降のバラモン教的な理念にしたがって、バラモン、クシャトリヤ、ヴァイシャ、シュードラの四つのヴァルナ（身分）の別が維持された。また、上位三ヴァルナの人びと（再生族と呼ばれる）には、学生期《がくしょう》、家住期、林住期、遊行期《ゆぎょう》の四住期の法を遵守した生活を送ることが要請された。王の義務はそのような秩序を実現することとされ、マウリヤ朝の統治でもこの理念は維持された。第三代のアショーカ王は、さらに独自のダルマ（法）の政治を実践したことで知られている。

アショーカ王柱のライオン。インド共和国の国章となっている。（鹿野苑、サールナート出土）

アショーカ王は、東部のカリンガ地方を平定するために行った大戦争で数十万人が命を落とした悲惨さから、仏教の教えにしたがうようになったといわれる。

彼は、ダルマという語によって表される自己の統治理念を、詔勅として大きな岩と石柱に刻ませた。その理念は、具体的には、生命の尊さ、動物に対する愛情、父母への従順など、彼が人類の普遍的道理と思うところを人びとに遵守させることであった。

この詔勅は、西北は遠くアフガニスタンから南はデカンにいたる地域に分布し、人びとが理解できるように、その地方ごとの口語と文字によって刻まれた。プラークリット語をブラーフミー文字かカローシュティー文字で記したものが多いが、ギリシア語、ギリシア文字のもの、アラム語、アラム文字のものも存在する。

『インド誌』を書いたメガステネースは、インドの社会について、哲学者、耕作者など、七種の内婚集団が存在することを述べている。そこでは、後期ヴェーダ期に形成された四ヴァルナといくつかの職能集団が混じって挙げられている。バラモンとクシャトリヤの関係については、バラモン教文献はバラモンを上位に記し、マガダ地方の王族の保護をうけた仏教の文献はクシャトリヤを上位に記すなど、まだ流動性が見られた。しかし、四ヴァルナの制度は、マウリヤ朝期を通じて維持され、また、上位三ヴァルナの間には四住期の観念も広まっていった。

農業生産の進展とともに、私的土地所有の観念も発達し、王族や商人など富者によるバラモンや仏教教団への土地寄進も見られるようになってきた。仏典に見える給孤独《ぎっこどく》長者がブッダに祇園精舎《ぎおんしょうじゃ》を寄進した話はそれを示している。なお、ヴァルナのなかに入らない「不可触民」の存在もこの時代から目につくようになっているが、彼らは

アショーカ王法勅刻文の分布

彼らだけの別個の村をつくって居住していたようである。

マウリヤ朝の滅亡と西北インド

アショーカ王の没後、マウリヤ帝国は、急速に瓦解《がかい》する。その原因は、帝国と呼ばれるようなあまりにも大きな領土と、それを統治するための官僚機構と軍隊組織が財政の破綻《はたん》をまねき、また、属州での圧制が人びとの不満を高めたこと、さらに、マガダ地方で独占されていた種々の技術が地方にも伝えられたことなどである。また、仏教やジャイナ教を保護して、ヴェーダの供犠を行わなかったマウリヤ王家に対するバラモンたちの反発も大きな力をもったと思われる。マガダ国の各地方でマウリヤ朝を継いだシュンガ、カーンヴァほかの王朝は、バラモン教を保護しヴェーダの供犠を行っている。

アショーカ王の統治がつづいていたころから、インド亜大陸西北部では、一つの変動が起こっていた。中央アジアのスキタイ民族が南下し、それに押されてイラン高原のギリシア人やイラン系民族がインドに侵入するようになったことである。

アフガニスタン北部には、セレウコス朝から独立したギリシア人のバクトリア王国が建設されていた。バルフとアイ・ハヌムが拠点であったが、彼らは、紀元前二世紀初め西北インドに侵入し、その地を支配した。名高いのは、仏教に改宗した紀元前二世紀半ばのメナンドロス王である。ギリシア人たちは、多数の貨幣を発行し、また、ヘレニズム文化をもたらしたことによって、のちに西北インドの地にガンダーラ美術を成立させることになった。ギリシア人につづいては、紀元前一世紀にイラン系遊牧民のシャカ（サカ・塞）族が、さらに同じくイラン系のパルティア族が侵入した。紀元後一世紀には、大月氏《だいげっし》の一派が西北インドに侵入して、クシャーナ朝のインド支配が開始されることになる。

なお、マウリヤ朝期の南インドには、巨石文化が広まっていたが、半島南端部にチョーラ、パーンディヤ、ケーララ（チェーラ）などの王国が存在した。そのことは、デカン南部に残るアショーカ王の刻文からも知られるが、刻文では、タンバパンニの名のもとにスリランカへの言及もなされている。

4　クシャーナ朝と南インドの発展

クシャーナ朝とシャカ族の支配

匈奴《きょうど》に追われて天山《てんざん》山脈の北からアフガニスタン北部に移った大月氏《だいげつし》の支配下にあったイラン系(?)の一部族クシャーナ族は、一世紀のクジューラ・カドフィセース王の時、他部族をも統一し、やがて南下してインダス川流域に入り、ギリシア人やパルティア族に代わってその地を支配するようになった。その後、王統が代わって、二世紀前半にカニシュカ王がでて(七八年のシャカ暦元年を彼の統治のはじまりとする説もある)、西北インドに勢力を確立した。すなわち、王は、北方では中央アジアにまで勢力を及ぼしながら、都をアフガニスタンのベグラームからパキスタンのプルシャプラ(ペシャーワル)に移して、さらにヤムナー川ほとりのマトゥラーを根拠地に西北インドからガンジス川中流域にまで支配を拡大した。

クシャーナ朝支配のもとでは、ゾロアスター教、キリスト教、ヒンドゥー教、ジャイナ教など諸種の宗教が見られたが、仏教徒の伝説によると、カニシュカ王は仏教を保護し、仏典の結集《けつじゅう》をも行ったという。仏教は、このころ、それまでのように出家者を中心とせず、在家の生活をも認め、慈悲の実践を強調する大乗仏教が起こって力をもちはじめた。それは、クシャーナ朝の保護を得られたことによって、急速に中央アジアへ広がり、ついには中国にまで伝えられた。一方、出家者を中心とする部派仏教（大乗に対して小乗とも呼ばれる）は西インドからスリランカに伝えられ、そののち東南アジアへと広まった。

クシャーナ朝の成立によって、中国からの絹や中央アジアの玉《ぎょく》がプルシャプラやタクシャシラー（タクシラ）にもたらされ、それらはさらに、西インドのバールカッチャ（ブルーチ）からローマに向けて船積みされるなど、この王朝のもとでは、国際的な商業活動が活発に行われた。クシャーナ朝は、ローマのディナリウス貨にならった金貨を大量に発行したが、その銘文には、プラークリット語のほか、ギリシア語、イラン語ももちいられ、裏面の神像には、イラン、メソポタミア、ギリシア、ローマの神々が、シヴァ神やブッダとともに描かれている。

王の称号として、諸王の王、神の子などという称号が見られるようになったのもこの時代で、とくに後者は中国の「天子」の影響とも考えられている。カニシュカ王の宮殿には、仏教詩人アシュヴァ・ゴーシャ、インド医学の父といわれるチャラカが出入りしたという。首都プルシャプラには、カニシュカ王の建立といわれる大塔（ストゥーパ）があり、七世紀には中国僧玄奘《げんじょう》が訪れてそれを記述している。

なお、クシャーナ朝では、カニシュカ王の後に四、五人の王名が知られるが、三世紀にイランに興ったサーサーン朝の攻撃をうけて衰亡した。しかし、地方勢力としては存続し、五世紀に一時、バクトリアからガンダーラにかけての地にキダーラ朝を成立させている。

いわゆるガンダーラ美術とは、クシャーナ朝期にガンダーラ地方を中心に成立したもので、ヘレニズム美術とインド美術を融合した仏教中心の美術であり、独自のスタイルを生みだしている。とくに、それまで法輪や菩提樹《ぼだいじゅ》などで表されていたブッダの姿を、初めて像として表現した。なお、ブッダの図像化はほぼ同時期にマトゥラーでも行われたが、この時代、仏教、ヒンドゥー教の活発な造像活動が行われた。

クシャーナ族の進入によって、先に西北インドに入っていたシャカ族は、南方に押しだされてナルマダー川流域に至る西部インド一帯を支配することになった。彼らは、アケメネス朝の州（サトラッピー）制度をとり入れて統治したが、中でも有名なのは一世紀末のナハパーナと二世紀中葉のルドラダーマンである。彼らは、デカンのサータヴァーハナ朝と争っていたが、四世紀末グプタ朝に滅ぼされた。

デカンと半島南部での社会発展

アマラーヴァティー仏塔跡　遺物の大半は発掘した英国国立博物館に収蔵。

サータヴァーハナ朝（アーンドラ朝）は、紀元前一世紀ころにナーシクを中心としたゴーダーヴァリー川上流域に台頭し、北インドのカーンヴァ朝と争ったともいわれる。しかしその後、クシャーナ朝に押されて南下したシャカ族に圧迫され、ナーシク周辺の地を奪われた。二世紀初頭、ガウタミープトラ・シャータカルニ王は失地を回復するが、その後再びシャカ族の圧迫をうけ、王国の中心はゴーダーヴァリー、クリシュナー川下流域のいわゆるアーンドラ地方に移る。二世紀末の王ヤジュニャ・シュリー・シャータカルニは、再びシャカ族を破り、西海岸から東海岸にいたる北部デカン全体を領土とした。しかし、その後、王朝の勢力は衰退し、三世紀初頭に滅亡する。

サータヴァーハナ朝の王たちは、バラモ

ンを自称し、刻文の中で、堕落したクシャトリヤであるギリシア人・シャカ族などの統治により乱れたヴァルナの秩序を正したと誇っているが、人びとの間では、仏教・ジャイナ教の信仰が盛んで、ナーシク近郊にはカールレーの他、多くの仏教窟《くつ》が掘られ、アーンドラ地方でもアマラーヴァティーなどに大きなストゥーパが建立された。大乗仏教の教義の確立者として名高い竜樹《りゅうじゅ》（ナーガールジュナ）も、この時代にアーンドラ地方で活躍したことが知られている。この王朝のもとでは、マウリヤ朝期北インドの物質文化がデカンに伝えられ、商工業の隆盛をも見た。

東インドのオリッサ地方では、二世紀中葉にカーラヴェーラという王の統治が知られるが、ガンジス川の河口近くにはタームラリプティ（タムルク）という港があり、そこでは、西方ローマや東南アジア方面との活発な交易が行われていた。なお、中国の記録によると、メコン川下流域の扶南《ふなん》国王范旃《はんせん》が三世紀にインドに送った使節は、ガンジス川をさかのぼって、遠くクシャーナ朝の地に到着したという。

デカンより南の半島南部の状態については、紀元前三世紀のアショーカ王の刻文その他によって、チョーラ、パーンディヤ、ケーララ（チェーラ）などの国があったことが知られるが、その当時のデカン以南の地には、巨石をともなった埋葬様式が見られるようになっている。しかし、社会の詳しい状況が知られるようになるのは、ほぼ紀元一世紀からである。それは、シャンガム（サンガム）文学と呼ばれるタミル語の

（左）ベトナム・メコンデルタ西部で発掘されたローマ皇帝マルクス・アウレリウスの硬貨　（右）後漢のものとされる青銅の鷺鳳鏡　左右ともにベトナム、オケオ出土。ローマと中国の交易が盛んだったことがわかる。

古典文学作品が一世紀ころから生みだされ、そこに前述の三王国の王たちが詩人のパトロンとして現れ、また作品（詩）の中に、それらの王国での生活が描きだされているからである。

それらによると、当時、南インドとローマ帝国との間で活発な貿易が行われていた様子がよくわかるが、そのことは、プトレマイオスの『地理学』、著者不明の『エリュトラー海案内記』などギリシア・ローマ側の書物にも記され、さらに、南インドで発見されるローマの金貨や、発掘された港の跡（アリカメードゥやカーヴェーリパッティナム）によっても確かめられている。インドからは、ケーララでとれる胡椒《こしょう》、さらに東南アジアからもたらされた香料などが輸出され、ローマでは、その支払いのために金貨が流出し、恐慌をきたしたという。このローマ帝国の貿易は、南インドの社会に刺激を与え、国家の形成と文化の発展を促進した。

シャンガム文学によると、紀元一～三世紀の南部では、すでに北インドのアーリヤ文化の影響が見られ、インドラ神の祭りが行われ、バラモンが存在し、ジャイナ教なども知られているが、タミル民族の文化は、なおドラヴィダ文化としての独自性を保ち、ムルガン、コットゥラヴァイなどの非アーリヤの神々が大きな崇拝をうけていた。

おそらくインダス文明の主な担い手であったと考えられるドラヴィダ民族の中心部族は、紀元前一五〇〇年ころから南方へ移動を開始し、西インドを通って紀元前一〇〇〇年ころにはデカンおよびその南方に定住するようになった。その後、巨石文化の時代をへて、南端のタミル民族が、紀元前後の時期にまず独自のタミル文化の華を咲かせたということになろう。それに比して、デカンでは、前述のようにサータヴァーハナ王家の支配のもとで、北インドのアーリヤ文化の影響がより強く見られた。

ヒンドゥー文化成立の準備

紀元前五〇〇年ころに、祭式至上主義のバラモン教を変革しようとする新しい思想が出現したことについては、すでに記した。仏教・ジャイナ教は、その意味での新しい宗教であったが、それに対抗する形で、バラモン教自体の革新もずっとなされつづけてきたのであった。その動きは、具体的には、先住民の文化の中に存在した民間信仰の要素をとり入れ、それとヴェーダの教えに基づくバラモン教の思想とを調和させて新しいものをつくり上げていくという形でなされたのであった。

その過程を最もよく示しているのは、ヴィシュヌ神、シヴァ神といった新しい神格の台頭である。すなわち、マウリヤ朝期以前のバラモン教文献には、それまでのヴェーダの神々に代わって、ヴィシュヌ、シヴァ二神の名が多くでてくるようになり、紀元前二世紀にはインドにやってきたギリシア人がヴィシュヌ神を称《たた》える石柱を立て、またクシャーナ朝の貨幣には、ブッダとともにシヴァ神の像が刻まれるといった状況が見られるようになってきている。そこから、この二神の信仰がかなり一般化してきた様を見てとることができる。

ヴィシュヌ神は、元来ヴェーダの神であったが、そこではさほどの重要性を与えられていなかった。それがこの時代に、マトゥラー地方の牧人たちの間に人気があり、多くの人びとに崇拝されていたクリシュナと同一視されるに及んで、大きな勢力を確立したのである。他方、シヴァ神も、元来ヴェーダでは暴風神ルドラであったが、その破壊の面が強調され、再生としての生殖と結びつけられた結果、先住民文化の中にあったリンガ（男根）の形をとって崇拝されるようになり、そこから一般の人びとの間で人気を得るようになったと考えられる。

シヴァ神の象徴であるリンガにミルクを注ぐ村の女性（バージャー石窟）

チョーラ朝期の「踊るシヴァ神像」（ニューデリー国立博物館蔵）

トリムールティ（三体）のシヴァ神、8世紀（エレファンタ島）

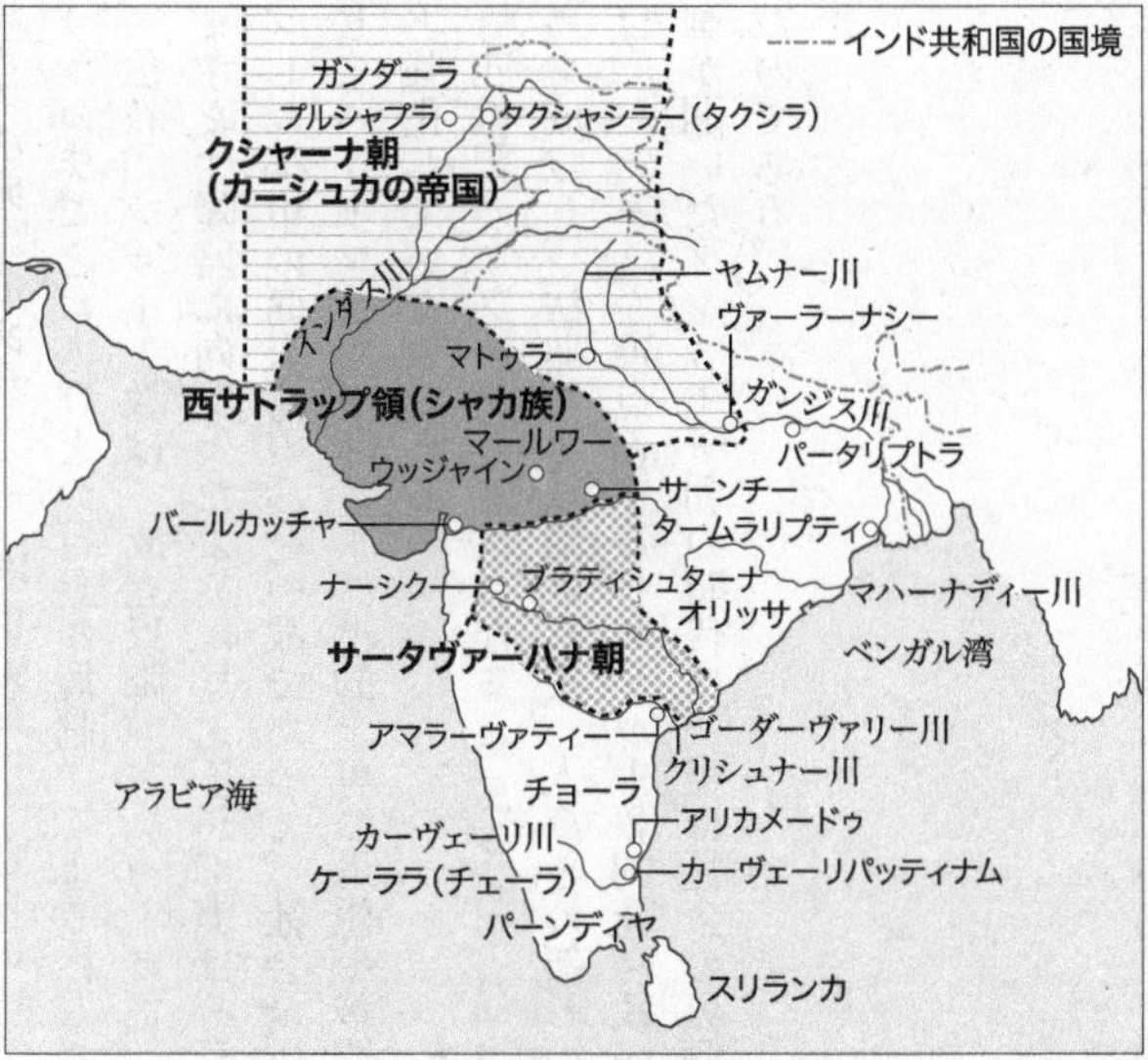

2世紀半ばのインド

紀元前数世紀のころから、バラモンたちの宗教上の義務や行為の規定を述べるダルマ・スートラ(律法経)がつくられてきたが、マウリヤ王朝期以降、ヴァルナの別と四住期の法を中心とした社会生活の規範ができあがってくるにつれて、それを中心に、さらに王の義務や民法・刑法上の規定をも加えて、人びとの日常生活全般を律するダルマ・シャーストラ(法典)が書かれるようになってきた。その最も名高いものが、紀元前二〇〇年から紀元後二〇〇年の間に成立したとされる

『マヌ法典』であり、三、四世紀には、さらにいくつかの類似の法典が成立して、各ヴァルナごとに人びとの行動を規制するようになる。

仏教、ジャイナ教は、成立以降、アショーカ王、カニシュカ王などの保護のもとでますます隆盛に向かったように見えるが、実はそれは出家者集団とそれをバックアップした都市の商人層の活動の故であって、社会全体、とくに農村部では、その間を通じてバラモンたちが非アーリヤ的土着の思想や習慣をとり入れて、自己の立場を着々と強化していたのである。

四世紀のグプタ朝の時代になると、『マハーバーラタ』『ラーマーヤナ』の二大叙事詩も成立し、法典類も整備されて、人びとの新しい信仰と生活規範が確立する。それは、バラモンを頂点とするヒンドゥー教的社会秩序の成立を意味するが、仏教文化の華が開いたクシャーナ朝の時代は、実は社会の裏側で、その準備が進行した時代だったのである。

5　グプタ朝とヒンドゥー文化

グプタ朝による北インドの統一

クシャーナ朝の勢力は、カニシュカ王の没後弱まっていったが、三世紀初頭、イランに成立したサーサーン朝にペシャーワルとタクシラを落とされると衰亡に向かった。その結果、ガンジス川流域では、しばらく政治的に不安定な時期がつづくが、やがて四世紀初頭に、マガダ地方のグプタ朝が台頭する。

グプタ朝は、クシャーナ朝下の有力な領主であったと思われるが、その勢力を確立したのは、三二〇年に即位したチャンドラグプタで、彼は「王中の大王」の称号をもちい、碑文の中で、王妃がリッチャヴィ族の女性であることを誇らしげに述べている。すなわち、グプタ家は王族にはふさわしくないヴァイシャのヴァルナであったらしく、したがって、この古代インドのクシャトリヤの名族リッチャヴィ族との結婚は、彼の政治的立場を強めたものと思われる。

チャンドラグプタは、三三五年ころ、息子のサムドラグプタ（在位～三七六年ころ）を後継者に任じたが、サムドラグプタは、グプタ朝の支配を拡大した。彼の功績を記した碑文がアラーハーバードにあるアショーカ王の石柱に刻まれていて、それによると、彼の征服地は、北はヒマラヤ山麓《さんろく》から南はマドラス（現チェンナイ）南西のカーンチープラムに及び、東部ではアッサム、ベンガルの諸国、南西部ではシャカ族とクシャーナ族の支配地が含まれている。遠くスリランカの王も恭順の意を表したという。

サムドラグプタは、征服の完了を宣言するためにアシュヴァメーダ（馬祀祭）をも行っている。もちろん、王朝の直接統治の対象とされたのは、旧マガダ国とガンジス、ヤムナー両川の流域であって、他の領域は種々の度合いで服属、恭順を強いられるといった具合であったらしい。しかし、グプタ帝国の出現により、北インドは、マウリヤ王朝の統治後五百年をへて、再び強力な統一政権の支配下に置かれることになった。

その後、グプタ朝は、四世紀から五世紀初頭にかけて統治したチャンドラグプタ二世（在位三七五年ころ～四一四年ころ）の時に、さらに発展して最盛期を迎えている。

三世紀後半に西デカン地方でサータヴァーハナ朝を継いだいくつかの王朝の中では、西部デカンの地に興ったヴァーカータカ朝が有力となり、ナーグプルを中心に、大きな勢力を築きあげていた。チャンドラグプタ二世は、娘をその王のルドラセーナ二世に嫁がせ、さらにデカンの他の王朝とも婚姻関係を結んで南方の守りを固め、西方ではシャカ族を攻めてこれを完全に滅亡させた。

　これにより、グプタ朝は、貿易のための西海岸の港をも手に入れ、マールワー地方のウッジャインは、チャンドラグプタ二世の第二の都として繁栄した。東部デカンでサータヴァーハナ朝を継いだのは、イクシュヴァーク朝で、彼らは、サータヴァーハナ朝の封臣として三世紀後半から力をもちはじめ、王家の女性たちがみな仏教に帰依して、ナーガールジュナコンダにストゥーパ（仏塔）・ヴィハーラ（僧院）などを建立している。その後、四世紀にはシャーランカーヤナ朝が興り、その際にサムドラグプタの侵入をうけている。

チャンドラグプタ金貨、4世紀（ニューデリー国立博物館蔵）

　南西デカンでは、四世紀中葉にバラモンの家系に属するカダンバ朝が台頭している。デカン以南の半島部では、三世紀末からカーンチープラムを中心にパッラヴァ朝が台頭し、アーンドラ地方にも勢力を及ぼしたが、やはりサムドラグプタの侵入によって影響をうけている。なお、半島南端のチョーラ・パーンディヤ・チェーラの三王国は、三世紀には繁栄を保ったが、ローマ貿易の衰退とともに力を失い、四、五世紀に、その地は、カラブラと呼ばれ、おそらくはジャイナ教や仏教を信奉した支配者の下におかれたらしい。

グプタ朝では、チャンドラグプタ二世の後、クマーラグプタ、つづいてスカンダグプタが統治を行ったが、その時代、すなわち五世紀中葉には、遠く中央アジアからバクトリア地方に移動してきていたフーナ（エフタル）族がインドを侵攻しはじめ、それに圧迫されて勢力が衰えた。その後は、マガダ地方に小さな勢力を保つだけとなり、六世紀中葉に滅亡した。

グプタ朝の行政制度

グプタ朝の支配は、マウリヤ朝のものとはかなり異なっていたように思われる。直接の支配が及んだのは、ベンガル北部、ビハール、ウッタル・プラデーシュ、マディヤ・プラデーシュの一部に限られたが、それらの地は、いくつかの州（ブクティ）に分けられ、長官が任命されてそこを統治した。州は県（ヴィシャヤ）に分かれ、県はさらに郡（ヴィーディー）に分かれ、その下にくるのが村落であった。マウリヤ朝に比べると、村落と村長の果たす役割が大きくなってきたのがグプタ朝の地方支配の特色で、都市においても、都市自治体の長、商人ギルドの代表、手工業者の代表および書記よりなる市議会があるなど、自治的な要素

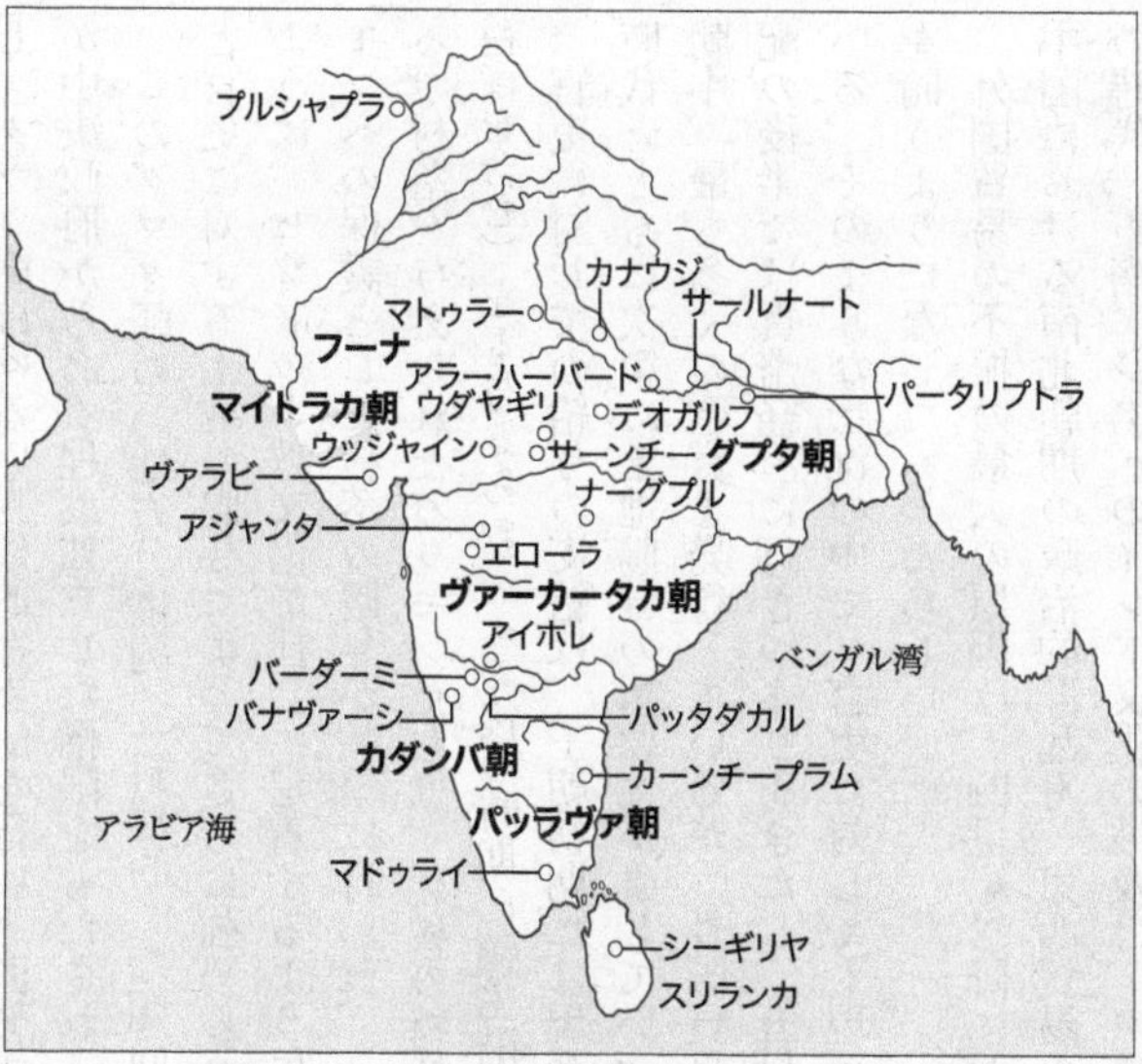

500年ころのインド

が強く見られるようになってきている。

以上のいわば直轄領のほかに、なお広大な帝国領が存在したが、その大部分は、サムドラグプタの遠征によって服属させられることになった従来の支配者が、グプタ朝の封臣として統治する土地であった。さらにその周辺に、グプタ王の宮廷に伺《し》候《こう》し、貢納を差しだし、娘を後宮に入れる代わりに支配権を認められた諸侯が治める土地が存在した。

以上のように、マウリヤ朝が膨大な数の官僚を抱えて中央集権的支配を試みたのに対し、グプタ朝はゆるい封建的な支配を行い、直轄領においても、州の長官や県の役人が中央政府からある程度独立した権限をもたされていた。

このグプタ朝の「地方分権的」「封建的」な傾向は、この時代に見られたバラモンと官吏に対する土地の賜与によってさらに強められている。すなわち、すでに述べたように、ヒンドゥー教文化が社会に定着するようになったこの時代、王権によるバラモンへの保護として村落の賜与が頻繁《ひんぱん》に行われ、それを示す多くの刻文が残されている。村落を与えられたバラモンたちは、免税の特権と同時に、その村落の支配権（徴税権を含む）をも与えられ、その後の時期に領主階層として成長することになった。

官吏に対しての給与の支給は、王朝初期には現金でなされていたらしい。しかし、時代とともに次第に土地賜与の重要性がましていった。グプタ朝は、古代インドの王朝中、最も多くの金貨を発行しているが、外国貿易の不振などの理由により、王朝支配の後半では貨幣経済に行きづまりをきたし、五世紀後半以降の金貨は純度が落ちている。そのような状況の中で、官吏に対しても現金支給の代わりに土地を与えて財政を賄うようになっていったらしい。

外国貿易の不振の最大の原因は、四世紀以降におけるローマ帝国の衰亡であったが、中国における南北朝期の政治的混乱も、東西貿易の衰退をもたらしていた。しかしこの時代、東南アジアへのインド文化の波及は、バラモンの場合に顕著に見られた渡海をおそれる観念の一般化にもかかわらずつづけられ、主としてカダンバ朝、パッラヴァ朝など、デカンおよび南部の王朝が、ヒンドゥー教文化・仏教文化の輸出に熱意を見せていた。

二大叙事詩とプラーナの成立

クシャーナ朝期に進行したバラモン教の変貌《へんぼう》と新しい信仰の展開については、すでに記したが、その新しい思想文化の形態と具体的な内容を言葉で提示したものが、インドの二大叙事詩として名高い『マハーバーラタ』と『ラーマーヤナ』である。

『マハーバーラタ』は、前述した紀元前一〇、九世紀ころ、ガンジス、ヤムナー川上流域で行われたバラタ族（その中のクル族の支族であるカウラヴァ族とパーンタヴァ族の間）の戦争をテーマとした叙事詩で、その原型の成立は、紀元前数世紀のことと考えられる。その後、自分たちをクル族と関係づけようとする諸王朝の系譜やさまざまな物語がつけ加えられ、また民間信仰をとり入れて新たな宗教的解釈が施された結果、膨大な叙事詩として成長したもので、その大叙事詩としての成立の時期は、三、四世紀のことと考えられる。

そこでは、人びとを解脱に導く道として、自分の勤めに励むカルマの道、知識によるジュニャーナの道、神の恩寵《おんちょう》を請うバクティの道という三つの道の考え方も姿を現

ヴィシュヌ神像、５世紀（ニューデリー国立博物館蔵）

している。この解脱への三つの道が示される第六巻中の「バガヴァッド・ギーター」と呼ばれる部分では、ヴィシュヌ神が若い戦士アルジュナの戦車の御者クリシュナとなって姿を現し、同族の戦いにひるむアルジュナを諭《さと》すという形で教えが説かれているが、それは、ヒンドゥー教思想の神髄を示すものとして、後代に大きな影響を与えている。

『ラーマーヤナ』は、コーサラ国のラーマ王子の物語として、これまた紀元前数世紀のころに原型が成立しているが、次第に大きな物語として成長し、最終的には二世紀ころに、ラーマ王子がヴィシュヌ神の化身とされるにいたって、現在見られるような形になったと考えられる。数々の苦難にさらされ、それにうち勝つラーマ王子は、息子、兄弟、夫、戦士、為政者のすべての面における理想の人物として描かれ、これまたヒンドゥー教徒の生活に対する規範を提供することになった。

さらに、これもすでに記した、シヴァ神、ヴィシュヌ神の信仰の展開にともなって、その伝説を記す「プラーナ」文献も数多くが書かれるようになったが、そこでは、ブラフマーを創造神、ヴィシュヌを維持神、シヴァを破壊神とする三神一体の考え方も前面にでてきている。また、五、六世紀には女神信仰の発展と結びついて、タントリズムが人びとの注目をひきはじめていた。さらに仏教徒とヒンドゥー教徒の論争を通じて、正統的ヒンドゥー教学も整備されるなど、この時代は、まさに芸術・学術・思想など、文化のすべての面でそれまでのものが集大成され、同時に新しい展開が見られた時代であった。

華開いたヒンドゥー文化

サムドラグプタとチャンドラグプタ二世は、芸術の保護者として知られ、前者は貨幣に琵琶《びわ》（ヴィーナー）を奏でる自分の姿を描かせている。ウッジャインにおかれた後者の宮廷には、九宝と呼ばれた九人の詩人がいたとされるが、その中でも最も名高いのは、インド第一の詩人といわれるカーリダーサである。北に流れていく雲にたくして、郷里に残してきた妻への思いを伝える抒情詩『メーガドゥータ（雲の使者）』、また、王に恋をした天女の娘シャクンタラーの運命を物語る戯曲『シャクンタラー』

など、彼の作品は、サンスクリット文学中の白眉《はくび》といわれている。

ただ注目すべきは、このようなサンスクリット文学の作品は、宮廷において生みだされた上流階層の文学であった点である。グプタ時代の戯曲において、社会的身分の低い者とすべての女性は、サンスクリット語ではなくプラークリット語で話すように書かれている。プラークリット語による宗教文学作品も、クシャーナ朝の時代から生みだされるようになってきている。

サンスクリット語による戯曲家としては、カーリダーサ以外に、バーサ（おそらく三世紀）の名も知られるが、グプタ期を中心としたサンスクリット作品は、『マハーバーラタ』『ラーマーヤナ』の中の物語と主題を共有するものが多く、文体の点においても、二大叙事詩、とくに『ラーマーヤナ』が大きな影響を与えている。それは、二大叙事詩とサンスクリット文学の両者が、たがいに密接な関係を保って発展してきたことを示している。近年は、一～三世紀のタミル語の古典文学（シャンガム文学）とサンスクリット文学との共通点も指摘されている。

グプタ朝は、王朝の紋章としてヴィシュヌ神の乗物（ヴァーハナ）であるガルダ（金翅鳥《こんじちょう》）をもちいるなど、王の多くはヴィシュヌ神の信奉者であったが、この時代におけるヴィシュヌ、シヴァ信仰の展開にともなって、それらの神を祭る祠堂《しどう》が切石積みによってつくられ、神像やリンガも数多く彫られるようになってきた。後代の破壊もあってか、それらの祠堂で現存するものは多くないが、中央インドのデオガルフに残るダシャーヴァターラ寺のものが名高い。グプタ期を通じて石窟《せっくつ》もまた掘られつづけているが、ヒンドゥー教の石窟として名高いのは、サーンチーに近いウダヤギリのもので、ヴィシュヌ、シヴァ両神のさまざまな姿での信仰を示す彫刻が見られる。

この時代、仏教は、王による特別の保護はうけられなくなってきており、また商業の停滞によっても有力なパトロンを失いつつあったが、しかし、迫害されたわけではなく、クマーラグプタ一世は、ナーランダーの僧院を創建したといわれる。造像活動も盛んで、マトゥラーやサールナートにおいてグプタ様式として完成された美しい仏像が数多くつくられ、その影響は、東南アジアにも見られる。

エローラ16窟に浮き彫りの叙事詩『ラーマーヤナ』
正面向かって右手。左手には『マハーバーラタ』の浮き彫りがある。

マトゥラーにおいてはジャイナ教の祖師像もつくられている。

仏教石窟は、すでに紀元前後の時期から西インド、ビハールおよびアーンドラ・プラデーシュなどでかなりの数が見られたが、この時代には、アジャンター、エローラなど西インドで引きつづき彫られている。古い時代に多かったチャイティヤ（祠堂）形式のものは少なくなり、大規模なヴィハーラ（僧院）形式のものが多く見られるようになっている。その代表的なアジャンター第十六窟と第十七窟には、それらがヴァーカータカ朝の大臣の寄進によりつくられたことを示す刻文が残されている。

グプタ朝期には、さらに数学、天文学、あるいは文法学といった学問の分野でも大きな進展が見られた。五世紀には、十進法が一般にもちいられ、太陽暦の一年を三六五・三五八六八〇五日とする計算も行われていた。成立の時期は必ずしもはっきりしないが、グプタ朝までには、『マヌ法典』でとり上げられた問題をさらに発展させたいくつかの別個のヒンドゥー法典も編纂《へんさん》されている。グプタ朝の時代は、それまで幾世紀もの期間をかけてつくりあげられてきた新しいヒンドゥー教文化の華が開いた時代で、そこで完成した社会制度と文化は、その後のインド文化の規範となった。

6　ラージプート諸国家とチョーラ朝

ハルシャ王の北インド統一

六世紀中葉、グプタ朝がフーナ（エフタル）族の侵入によって衰亡した後、北インドの平原に再び統一をもたらしたのは、戒日王《かいじつおう》の名でも知られるハルシャ・ヴァルダナであった。彼は、デリー北方ターネーサルの王であったが、マールワー勢力との戦いで命を落としたマウカリ王の義兄弟にあたり、カナウジを都に統治した。

彼は、六〇六年から四十年間統治したが、ベンガル勢力との戦いを手はじめに、各地を転戦し、数年のうちに、北インドの大半をその領土とした。王国には五千頭の象、二万の騎兵、五万の歩兵がいたといわれるが、北方のカシミール、西方のヴァラビー、東方のアッサムの勢力も彼に臣従を誓うようになった。ただ一つ彼が敗北を喫したのは、南方の戦いで、デカン西部のチャールキヤ朝を攻めて、プラケーシン二世に敗れている。ヴァラビーを統治していたのは、五世紀末にイランから侵入してきたマイトラカ朝であったが、首都ヴァラビーは学術の中心地となり、多くの仏教寺院も建立された。

ハルシャの帝国統治は、グプタ朝の場合と同じく、封建的なもので、諸侯は貢納と一定数の兵馬をハルシャのために維持する代わりに、自領の支配を認められていた。ただハルシャは、しばしば自身で各地方を巡回して、帝国の統一の維持に努めた。首都カナウジは軍事上の拠点として重要性をまし、パータリプトラは昔日の繁栄を失った。

ハルシャ王の宮廷には、王の伝記『ハルシャチャリタ』を著したサンスクリット詩人バーナがいたが、王自身も、文人としてサンスクリット劇などの作品を残している。六三〇年にインドにきた玄奘《げんじょう》は、長くナーランダーの仏教僧院で修行し、その深い学識によってハルシャ王の崇敬をえた。彼は、その後インド各地を回り、中国にもどったが、その旅行記が有名な『大唐西域記《だいとうさいいき》』である。ハルシャは、初めシヴァ神の信奉者であったが、次第に仏教に心を移し、晩年には熱心な仏教徒であったという。このハルシャ時代の帝国の繁栄は、彼の為政者としての勝《すぐ》れた資質に負うところが大きく、彼の死とともに帝国は急速に瓦解《がかい》した。

ラージプート諸王朝

ハルシャの帝国が瓦解して後、一三世紀初頭のデリーにイスラーム教政権が出現するまでの時期は、通常、ラージプート時代と名づけられている。それは、この時代に

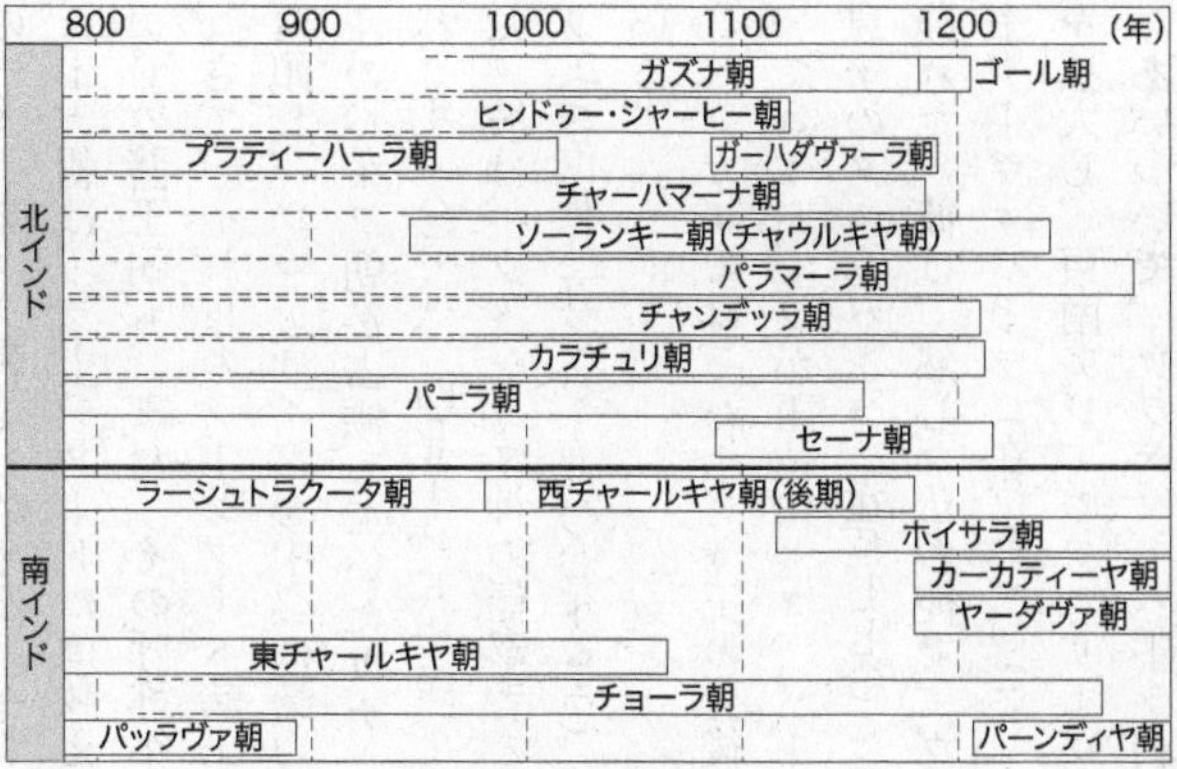

諸王朝の統括年代表

北インドの各地で興亡したいくつもの王朝が、「神の子」を意味するラージプートという名称で呼ばれたことによる。ラージプートは、伝統的には一つの部族であるかのようにいわれるが、この時代にラージプートとされた王朝はさまざまで、大きく二つの系列に分けられる。一つはエフタルの進入に前後して西北方からインドに入りこんできたグルジャラのような外来民族の建てた王朝であり、他は、それまでヒンドゥー教社会の外におかれていた山地の部族民が平原に進出して権力をうち建てた王朝である。

前者の例としては、サウラーシュトラのソーランキー朝、マールワーのプラティーハーラ朝、アジメールのチャーハマーナ朝その他があり、後者の例としては、デカンのラーシュトラクータ朝、ブンデルカンドのチャンデッラ朝などがある。なお、これらの王朝と抗争した東インドのパーラ朝、セーナ朝は、ラージプートには数えられていない。ラーシュトラクータ朝以外の南インドの諸王朝も、また、その呼称から除外される。

さて、それらのラージプート諸王朝のうち、八世紀に入ってプラティーハーラ朝が台頭し、ウッジャインを中心に勢力を拡大した。九世紀初頭に、この王朝は、ベンガルのパーラ朝が占領していたカナウジを奪取した。ボージャ王（在位八三六ころ〜八八五年ころ）は、西北インドや西インドをも支配下におき、東方でパーラ朝と対峙《たいじ》した。彼は、ヴィシュヌ神の信奉者として知られている。その後継者マヘーンドラパーラ（在位八八五ころ〜九〇七年ころ）は、パーラ朝を破ってベンガルにまで兵を進めている。

ベンガルでは、ハルシャ王の死後、混乱がつづき、八世紀中葉、人びとの推挙によってゴーパーラが王位につき、パーラ朝（七五〇ころ〜一一五九年ころ）が創始された。息子のダルマパーラ（在位七七〇ころ〜八一〇年ころ）は、勢力を拡大し、カナウジを陥れた。彼は、熱心な仏教徒で、ヴィクラマシラーに大きな僧院を建てている。その子デーヴァパーラ（在位八一〇ころ〜五〇年ころ）は、アッサムやカリンガ地方に勢力を拡大し、東南アジアのシュリーヴィジャヤ王国とも交流した。その後は、弱小な王があいついで、プラティーハーラ朝や南方からチョーラ朝（八四六ころ〜一二七九年ころ）の侵攻をもうけ、次第に衰退し、一二世紀中葉、セーナ朝にとって代わられた。このパーラ朝時代に、ベンガルでは、多くの大きな貯水池がつくられ、農業生産の進展を見ている。

デカンと半島南部の王国

六世紀中葉、西部デカンのバーダーミを中心に台頭したチャールキヤ朝は、七世紀前半のプラケーシン二世の時に大いに発展した。彼は、ハルシャの軍を破り、東南方ではパッラヴァ朝のカーンチープラムをも攻めている。また、東方アーンドラの地に、弟ヴィシュヌヴァルダナを遣わして統治させ、その結果、アーンドラの地には、東チャールキヤ朝が誕生することとなった。このプラケーシン二世の治世には、玄奘も王国を訪れ、サーサーン朝の使者もきている。

パッラヴァ朝にバーダーミを落とされてプラケーシン二世が戦死した後は、ヴィクラマーディティヤ一世が継いで王国を再興し、八世紀のヴィクラマーディティヤ二世は、シンドに侵入したアラブ軍の南進を防いでいる。しかし、その後もパッラヴァ朝、さらには再興したパーンディヤ朝（五九〇～九二〇年ころ）との戦いがつづき、王朝は、次第に弱体化し、八世紀中葉、封臣ダンティドゥルガによって倒された。ダンティドゥルガはラーシュトラクータ朝を興した。

ラーシュトラクータ朝は、八世紀末からしばしば北インドに侵入し、プラティーハーラ朝の都カナウジを陥れ、また、パーラ朝の軍をも破っている。八世紀後半のクリシュナ一世の治世には、エローラに壮大なカイラーサナータ寺院がつくられ、九世紀のアモーガヴァルシャ一世は、マーニヤケータに新都を造営した。ラーシュトラクータ朝は、南方ではパッラヴァ朝を破ったが、一〇世紀にはパッラヴァ朝に代わったチョーラ朝との抗争が激化し、一〇世紀後半、再興されたチャールキヤ朝に滅ぼされる。

南方では、半島東南部でパッラヴァ朝が、南端部でパーンディヤ朝が興って勢力を伸長した。パッラヴァ朝は、四、五世紀にカーンチープラムを中心に勢力を増大し、六世紀の後半にカラブラの勢力を破り、かつてのチョーラ朝の地をも領土とした。つづく時代、外港マーマッラプラムなどに新しい岩窟《がんくつ》寺院がつくられ、七世紀中葉のナラシンハヴァルマン一世は、チャールキヤ朝の地を攻略し、また、スリランカの王位継承戦にもかかわって出兵している。八世紀初頭、首都にカイラーサナータ寺院が建てられた。

かつてマドゥライを都に栄えていたパーンディヤ朝は、四、五世紀には姿を消していたが、六世紀末に再興された。その勢力は、西海岸のケーララの地にまで及んだが、北方ではパッラヴァ朝との抗争をくり返すことになった。このように、七世紀から九世紀にかけての南インドは、チャールキヤ（ラーシュトラクータ）、パッラヴァ、パーンディヤの三王朝があい争いながらも、その下で、北インドの影響をうけつつ、新しい文化の華が開いた時代であった。

三王朝の争いがつづいている間、九世紀中葉には、カーヴェーリ川下流域に再びチョーラ朝の勢力が台頭し、やがてパッラヴァ朝を滅ぼし、その地を併合した。一〇世紀には、パーンディヤ朝の都マドゥライを落とし、ラージャラージャ一世の統治下にチョーラ朝は最盛期を迎えることになる。

バクティ信仰の展開とタントリズム

六、七世紀以降の南インドに、新しい文化が展開した。まず、バーダーミやカーンチープラムに見られるように、シヴァ神やヴィシュヌ神を祭る切石積みのヒンドゥー教寺院がつくられるようになり、岩窟寺院について行われてきたのとは異なる新しい信仰の展開を可能にした。それは、バクティと呼ばれる新しい帰依《きえ》信仰として展開した。パッラヴァ朝、パーンディヤ朝の地では、ナーヤナールと呼ばれるシヴァ派の吟遊詩人、アールヴァールと呼ばれるヴィシュヌ派の吟遊詩人たちが現れ、聖地や新しく建立された各地の寺院をめぐり、人びとに神への帰依を説いて回った。

人間をしばりつける輪廻《りんね》を断ち切って解脱する道として、一心に神の恩寵《おんちょう》を請うバクティの思想は、知識を積むこと、自己の務めを果たすことと並んで、すでに「バガヴァッド・ギーター」の中で説かれていた。しかし、七、八世紀の南インド（タミル地方）では、それがタミルの古典文学に見られる男女の「愛」重視の伝統をうけつぎ、神と人間との愛の関係として、新しい展開を見たのであった。このバクティ信仰の展開は、その後のヒンドゥー教の発展に大きな影響を与えることになる。

南インドにおける仏教とジャイナ教は、このバクティ信仰の展開によって大きな打撃をうけることになったが、北インドにおいても、仏教は、すでに盛期を過ぎようとしていた。かつて仏教が栄えたガンダーラ地方では、仏教寺院はすでに廃墟と化していたと玄奘は伝えている。商人層によって支えられた出家者中心の宗教集団として発展した仏教は、商業の衰退とヒンドゥー教の発展によって、大きな打撃をうけていた。

九世紀以降の思想的潮流として注目されるのは、タントリズムの盛行である。タントリズムとは、それまでのヒンドゥー教や仏教に見られた現世否定の考えによってではなく、積極的、動的な行為によって解脱を図ろうとするもので、具体的には女性の力としてのシャクティを崇拝し、男性原理と女性原理の結合を通じて宗教的至福を得ようという考え方である。

この思想は、七、八世紀のころから力をもちはじめ、九、一〇世紀には、インドの各地で女神崇拝が盛んになり、両性原理の結合のための秘儀や呪法《じゅほう》なども発達した。仏教、ヒンドゥー教の両者に見られ、仏教では、パーラ朝統治下におけるベンガル地方で、密教として発達した。そこでは、妖《あや》しい魅力をたたえたターラー菩薩《ぼさつ》像などが多くつくられている。南インドでは、シヴァ神、ヴィシュヌ神の配偶神としての女神の崇拝が盛んになり、多くの女神像が今日に残されている。

ガズナ朝・ゴール朝の侵入

一〇世紀末の北インドは、ラージプート諸勢力が覇を競う戦国時代であったが、それぞれの王朝では、水利施設を拡充して農業生産の向上を図るなど、社会経済の発展も見られた。しかしそのころ、亜大陸の西北部では、インド社会に大きな変動をもたらす新しい状況が生まれつつあった。それは、アフガニスタンにおけるムスリム王朝、ガズナ朝の勃興《ぼっこう》である。この王朝は、一〇世紀末にパンジャーブ地方に侵入したが、スルタンを称したマフムード（在位九九八～一〇三〇年）の時代から、北インド侵入が本格化した。

それに対して、カナウジのプラティーハーラ朝、アジメールのチャーハマーナ朝、ブンデルカンドのチャンデッラ朝の王たちが連合して立ち向かったが破られ、カナウジやマトゥラーもマフムードの軍馬に蹂躙《じゅうりん》された。サウラーシュトラのヒンドゥー教の聖地ソームナート寺院も攻撃された。それらの侵寇《しんこう》は、パンジャーブの地を除けば、永続的な占領ではなく、略奪を目的としたものであったが、一一世紀の初頭から、北インドには混乱が広がった。一一世紀末、プラティーハーラ朝は、ガーハダヴァーラ朝にとって代わられた。

チャンデッラ朝は、一〇世紀後半のダンガ王の時に独立の勢力となり、マフムードの侵寇に影響はされたが、一〇世紀末から一一世紀初頭にかけて、首都カジュラーホでは、ヒンドゥー教、ジャイナ教の寺院の造営が盛んになり、見事な寺院群が今日に残されている。パーラ王が保護した密教の中心ヴィクラマシラー僧院の座主アティーシャは、一〇四二年に招かれてチベットにおもむき、その後のチベット仏教に大きな影響を与えている。

ソーランキー朝は、破壊されたソームナート寺院の再建に乗りだし、将軍ヴィマラは、アーブー山頂にジャイナ教の寺院を建立した。マールワーの地に興ったパラマーラ朝では、ボージャ王（在位一〇〇〇ころ～一〇五五年ころ）が、学問文芸の保護者として、また自身学者として名を残している。マフムードの遠征にしたがってインドにやってきたムスリムの文人アル・ビールーニーは、サンスクリット語を学び、ヒンドゥー教学に通じ、インド文化全般を解説する『インド誌』を残した。マフムードの宮廷には、詩人フィルダウシーの姿も見られた。

ガズナ朝（九六二～一一八六年）は、マフムード（在位九九八～一〇三〇年）の死後衰退し、一一八六年、アフガニスタン西部に台頭したゴール朝に滅ぼされた。その後、

ジャイナ教の勝利者ゴーマテーシュヴラ像への灌頂（カルーナルカ州、シュラワナ・ベラゴラ）

虫を踏んで殺さないよう早朝に移動するジャイナ教徒

千年に一度、ジャイナ教徒が一堂に会する灌頂祭
1981年撮影。インディラ・ガンディーも出席した。

ゴール朝（一一四六～一二一五年）の王弟ムハンマドは、インドに侵入し、ラージプートの連合軍を破って遠くベンガルにまで兵を進めた。一三世紀初頭、ムハンマドが王位についたとき、王国の版図は、アフガン台地全域から西北インド一帯に及んでいた。

ガーハダヴァーラ朝のゴーヴィンダチャンドラ王の長い治世（在位一一〇〇～六〇年）は、比較的平和で、王国は繁栄したが、その孫ジャイチャンドは、ゴール朝のムイズッディーン・ムハンマドと戦って敗れた。アジメールの地から興ったチャーハマーナ朝（九七三ころ～一一九二年）は、次第に勢力を北に伸ばし、トーマラ朝の支配下にあったデリーをもその領土とした。一二世紀の後半、王位についたプリトゥヴィーラージャは、チャンデッラ朝と争って勝利を収め、ついで、ラージプート連合軍を率いて、ゴール朝のムハンマドを迎え撃ち、一度はそれを破ったが、二度目の戦い（一一九二年）で命を落とした。

東インドでは、ガズナ朝侵入の影響をこうむることなく、パーラ朝の支配がつづいていたが、一〇二三年、南方からチョーラ朝の侵寇をうけた。その後、ラーマパーラ王（在位一〇七七～一一二〇年）のもとで繁栄をとりもどすが、そのころ、ベンガルの地に台頭したセーナ朝に圧迫されて衰退し、一二世紀末にはゴール朝の軍によって滅ぼされた。元来、カルナータカ地方からやってきたセーナ朝は、一二世紀前半にヴィジャヤセーナ（在位一〇九五～一一五八年）のもとで勢力を伸長し、同世紀末のラクシュマナセーナの時代には、ベンガル全域から西のビハール、南のオリッサにまで領土を拡大した。しかし、一三世紀初頭、ゴール朝軍に敗れて衰退した。セーナ朝のもとでは、サンスクリット文学が隆盛に向かい、ジャヤデーヴァの著した『ギータゴーヴィンダ』は、北インドにおけるバクティ信仰としてのクリシュナ崇拝の展開を示すものであった。

南インドの発展

一〇世紀末に、チョーラ朝のラージャラージャ一世（在位九八五〜一〇一四年）は、南のパーンディヤ朝を滅ぼし、西海岸のケーララの地も支配下におき、スリランカに攻め入ってその北半を占拠した。彼は、首都タンジャーヴールに壮大なシヴァ寺院を建立し、中国にも使節を派遣した。息子ラージェーンドラ一世（在位一〇一二〜四四年）は、遠くパーラ朝治下のガンジス川流域にまで遠征隊を送り、東南アジアのシュリーヴィジャヤ王国を支配下におくため、一〇二五年ころ、マレー半島を攻撃した。中国へも使節を派遣している。この時代にチョーラ朝は、行政制度を整え検地を行うなど、中央集権化の努力を重ねている。その後、クローットゥンガ一世（一〇七〇〜一一二二年）も内政に意をもちいたが、彼の時代に、スリランカが失われた。一〇世紀末に近くラーシュトラクータ朝を破って再興されたデカンのチャールキヤ

11 世紀末のインド

朝は、首都の名をつけてカリャーニのチャールキヤ朝とも呼ばれるが、チョーラ朝の最盛時には圧迫され、首都をも落とされている。しかし、一一世紀後半には力を回復し、北はナルマダー川、南はトゥンガバドラー川を境界として、ソーメーシュヴァラ一・二世、ヴィクラマーディティヤ六世(在位一〇七六～一一二六年)の統治のもとで繁栄した。チャールキヤ朝の統治は、チョーラ朝のものと異なり、地方勢力の統治を認めるゆるい封建的なものであったらしい。

　その後は、地方領主の力が

増大し、一二世紀後半、北方のカラチュリ朝に一時支配権を奪われた。デカン東部アーンドラの地では、アナムコンダを中心にカーカティーヤ家が力を増大し、プローラ二世（在位一一一〇～五八年）の時、チャールキヤ朝から独立した。西部では、セーヴナ家（ヤーダヴァ家）が勢力を伸ばし、一一八五年ころにはビッラマ五世がカリヤーニを陥れ、やがて南方から台頭したホイサラ朝と争うことになる。

ホイサラ朝は、一一世紀を通じてカルナータカ南部に勢力を築きあげ、一二世紀前半、ヴィシュヌヴァルダナ（在位一一一〇～五二年）の統治下で発展した。バッラーラ二世（在位一一七三～一二二〇年）は、一一九〇年ころ、ソーメーシュヴァラ四世を破って、チャールキヤ朝を滅ぼした。チャールキヤ朝の地は、東部がカーカティーヤ朝（一〇〇〇～一三二六年）、北西がセーヴナ朝、南部がホイサラ朝に分割され、以後はそれらの王朝の間で争いがつづいた。

半島南部では、チョーラ朝の支配がつづいていたが、一二世紀後半になると、王国各地に領主的な者の存在が目につくようになってくる。やがて南方のパーンディヤ朝が離反するようになり、一三世紀後半、パーンディヤ朝とカーカティーヤ朝に挟撃されて滅亡する。

地方文化の成立

一〇世紀から一二世紀にかけての時期、インド全域で社会と文化について新しい状況が見られるようになってきた。それは、地方文化の成立と発展である。

北インドのアーリヤ系言語では、中期アーリヤ語の時期をへて、今日北インドの各地に見られる近代アーリヤ語としてのベンガーリー語、ヒンディー語、グジャラーティー語その他の地方語の成立が見られた。チャーハマーナ朝のプリトゥヴィーラージャ王の恋と武勲を物語る『プリトゥヴィーラージ・ラーソ』は、広義のヒンディー語文学のはじまりを示す作品である。南インドのドラヴィダ系言語カンナダ語とテルグ語で文学活動がはじめられるのもこの時期であり、ケーララの地でタミル語から分かれてマラヤーラム語が成立したのもこの時代であった。

思想史の上では、バラモン教学の中心をなすヴェーダ学の伝統を新しく解釈したシヴァ派のシャンカラが現れたのは、八世紀であったが、一一世紀のチョーラ朝統治下では、ヴィシュヌ派のラーマーヌジャ（一〇一七〜一一三七年?）がでた。彼は、バクティの思想をもとり入れて新しい解釈を示したが、それは、シヴァ派の信仰によって王権の神聖化を図ろうとするチョーラ王とあいいれず、一時チョーラの地から追放されている。デカンでは、カラチュリ朝の宰相であったといわれるバサヴァがシヴァ派（ヴィーラシャイヴァ）の新しい信仰を説いた。カーストを含むバラモン教的な社会制

シヴァ神に捧げられた寺、ブリハディーシュヴァラ（11世紀初頭、チョーラ朝期、タミル・ナードゥ州）

度と形式主義を否定し、正統派と対立した。

西部インドでは、ソーランキー朝のクマーラパーラ（在位一一四三～七二年）の時代に、ジャイナ教の大学者ヘーマチャンドラが現れて、ジャイナ教信仰が隆盛に向かった。ギルナールを中心に多くのジャイナ教寺院が建立されている。チャールキヤ朝のヴィクラマーディティヤ六世の宮廷には、カシミール生まれの文人ビルハナが出入りし、王の治績を称《たた》える作品を残している。東インドにおける密教の発展とタントリズムに結びつく女神信仰の南インドでの展開については、すでに記した通りである。

7 イスラーム政権の出現

奴隷王朝の支配

ゴール朝（一一四八〜一二一五年）のムハンマドは、一一九二年にラージプート連合軍を、デリーに近いタラーインの地で破り、彼の武将たちは、さらにその後、ビハール、ベンガル地方にまで侵入した。ムハンマドは、兄ギャースッディーンの死とともにゴール朝の王位についたが、一二〇六年、インドに遠征しての帰路に暗殺された。それとともに、ゴール朝の征服したインドの地は、ムハンマドの武将であったクトゥブッディーン・アイバク（在位一二〇六〜一〇年）の支配するところとなった。

アイバクは、ラクナウで即位の後もインドにとどまり、チャーハマーナ朝（九七三ころ〜一一九二年）の都であったデリーに政権をうち立てたので、そこからインドにおける最初のイスラーム王朝の支配がはじまった。以後、一五二六年にバーブルがムガル朝（一五二六〜一八五八年）をはじめるまで、三世紀にわたってデリーの地では、イスラーム教を信奉するトルコ系およびアフガン系の部族よりなる五つの政治権力があいついで支配を行った。この五つの王朝を「デリー諸王朝」（あるいは「デリー・スルタン朝」）と総称する。

アイバクがうち立てたデリー諸王朝初代の王朝は、一般に「奴隷王朝」と呼ばれているが、それはアイバク、イルトゥトゥミッシュ（在位一二一一～三六年）、バルバン

インド最古のクトゥブ・ミナール（ニューデリー、12世紀末）

（在位一二六六～八七年）など、この王朝の有力なスルタンが、そろって宮廷奴隷の出身であったことに由来している。アイバクはゴール朝のムハンマドの奴隷、イルトゥトゥミッシュはアイバクの奴隷、バルバンもイルトゥトゥミッシュの奴隷であったが、ここでいう奴隷とは、西アジアのマムルーク朝の例などと同じく文武両道に秀でたエリートとしての「宮廷奴隷」であった。すなわち、彼らは、武将としてまた行政官として権力をにぎり、ついにスルタンにまでなったのであった。

現在、デリーの南部には、有名な観光名所としてクトゥブ・ミナールと呼ばれる大きな塔がある。かたわらには壊れた大きなモスクやイルトゥトゥミッシュの墓などが残っているが、これは、チャーハマーナ朝の都城に、アイバクとイルトゥトゥミッシュの手によって建てられたものである。イルトゥトゥミッシュは、離反しつつあったベンガル、グワーリヤルなどを再び支配下におき、またマールワーやシンド地方をも征服した。晩年に、彼は、バクダードのカリフから正式にスルタンの称号を授けられている。一二六六年に即位したギャースッディーン・バルバンは、北方からのモンゴルの侵入を防ぎ、内政にも意をそそいで、貴族に対する皇帝権の優位を確立した。しかし、彼の死後には、その反動として党争と反乱がつづいた。

一二九〇年、トルコ系の武将ジャラールッディーンは、弱体化した奴隷王朝を倒し、ハルジー朝（一二九〇～一三二〇年）の支配を開始した。つづくアラーウッディーン

（在位一二九六～一三一六年）は、南方にあたるラージャスタンのランタルボール要塞《ようさい》、その南西のチトール城をも落とし、南インドの経略に乗りだした。その遠征は、彼の奴隷であった武将マリク・カーフールによって行われた。一三〇七年にカーフールは、セーヴナ（ヤーダヴァ）朝の都デーヴァギリを手中にし、つづいて東部デカンのカーカティーヤ朝を襲って、首都ワランガルを陥落させた。この二王国を支配下においた余勢を駆って、彼はさらに南方のホイサラ朝をも攻めてバッラーラ三世を破り、一三一一年には、東南海岸平野のマドゥライにまで攻め入っている。ハルジー朝は、この南方経略によって、莫大《ばくだい》な財宝を手に入れることができたのであった。

アラーウッディーンは、支配地の拡大を図ったばかりでなく、デリーに三つの市場をつくって物価を統制し、地税の改訂や通貨の改革を行うなど種々の経済政策を実行し、デリー諸王朝歴代のスルタンの中で、特筆に値する資質をもっていた。一三一六年の彼の死後は、厳しかった統治政策に対する反動から混乱が生じ、王位をねらったマリク・カーフールも暗殺された。

トゥグルク朝の発展と混乱

その混乱を収拾したのは、バルバンの奴隷で、インド人の母をもつトルコ系トゥグルク族の老将ギヤースッディーンである。一三二〇年に彼が創始したデリー諸王朝第三代目の王朝は、トゥグルク朝（一三二〇～一四一三年）と呼ばれる。彼の時代、再征服を目的として、デカンのワランガルとその南方、またベンガル地方への遠征が行われている。彼の治世は短く、一三二五年には息子ムハンマド・ビン・トゥグルクが王位についた。一説によると、彼は父王を殺して王位についたともいわれる。ムハンマドについては、その治世にデリーに滞在したイブン・バットゥータの旅行記にも記述が見られるが、特異な性格のもち主として描きだされている。合理主義者としての面を強くもっていたらしい。

彼は、父が建設に着手したトゥグルカーバードと呼ばれる新しい都城を完成させたが、デリーからはるか南方セーヴナ朝の首都であったデーヴァギリにもダウラターバードという名の首都を建設して、そこに移り住んだ。バットゥータによれば、デリーの住民は老いも若きもそこへの移住を強制されたという。これには、ハルジー朝以来の南方経略、あるいは西北インドへのモンゴルの侵入などが理由となっていたように思われるが、実はそこから北インドを統治するのもまた困難であった。結局、この試みは失敗に終わり、七年後に都は再びデリーにもどされている。しかし、この遷都が王国の行政と経済に与えた損失は、はかり知れないものがあった。彼はまた、銅貨で金・銀貨と同じ額面の貨幣を鋳造して兌換《だかん》貨幣として流通させせようと試みたが失敗し、混乱を招いた。

そのような失政が重なって、彼の治世には、ベンガル、南部インドなどで多くの離反が起こっている。マドゥライでは、ギャースッディーンによって送り込まれたムスリムの太守が支配をつづけていたが、一三三五年ころに独立し、ラーホール、ベンガルの各地でも離反が起こった。ベンガルは一三三八年ころに独立した。デカンでも反乱が起き、一三三六年、トゥンガバドラー川ほとりにヒンドゥーのヴィジャヤナガル王国が建国され、一三四七年には、グルバルガの地でスルタンの武将が反旗をひるがえして、バフマニー王国を建設した。

そのような状況下で、一三五一年にスルタンは病死し、従兄弟《いとこ》のフィールズ・シャーが王位を継いだ。彼は、前代以来の失地を回復することはできなかったが、内政に意をもちい、公共事業を興し、種々の行政改革を行った。官吏や軍人に対しては、収入源としての土地を与えるジャーギール制を採用し、バラモンに対してもジズヤ（人頭税）を課するなどの政策をうちだしている。彼はまた熱烈な信仰をもち、ヒンドゥー教徒のイスラームへの改宗を奨励した。

しかし、一三八八年、彼が死ぬと、王国各地では地方統治者がつぎつぎと独立して、中央では王位継承者の争いが起こった。そのような混乱がほぼ十年つづいた時、デリーの地はティムールの侵入をうけることになった。一三九八年、ティムールは、デリーを占領し、略奪をほしいままにした。彼は翌年中央アジアへともどったが、この侵《しん》寇《こう》は北インドの混乱をいっそう助長し、各地で荒廃と貧窮がもたらされた。

その混乱を収拾したのは、ティムールの太守としてパンジャーブを統治していたヒズル・ハーンで、彼は、一四一四年ころにデリー周辺の秩序を回復した。彼とその後継者たちは、ムハンマドの血をひくサイイドと称したので、この第四代王朝はサイイド朝と呼ばれる。しかし、その王統は短命で、一四五一年にはアフガン系の武将バフロール・ローディーがデリーの権力をにぎった。これが第五代王朝ローディー朝である。バフロールは、東方で離反していたジャウンプルの王国をも攻略した。一四八九年にその後を継いだのは、シカンダル・ローディーで、彼はジャウンプル王国を完全統治下におき、ビハール一帯の支配権をも回復した。ジャウンプル王国の離反は、ティムールのデリー侵寇に乗じたものであったが、同様に、あるいはティムールの侵入以前に離反していたベンガル、マールワー、グジャラート、カシミールなどの諸地方は、ジャウンプルと異なって、デリー・スルタン朝の時代を通じてその統治下には復さなかった。

一三三八年にファクルッディーンが反旗をひるがえしたベンガルの地では、シャムスッディーン・イリヤス・ハーンが地歩を固め、その後、ギャースッディーン・アーザムシャー（在位一三八九〜一四〇九年）の時代に発展を見た。彼は、中国とも使節を交わしている。一五世紀末のアラーウッディーン・フセイン（在位一四九三〜一五一九年）の時代には、ベンガリー語による文学活動が盛んになり、『ラーマーヤナ』や『マハーバーラタ』のベンガル語での翻案が著されている。フセインは、ヴィシュヌ派の聖人チャイタニヤに敬意を表したともいわれている。ベンガルの首都ガウルにはフセインの墓やこの時代のモスクが残っているが、全体が煉瓦《れんが》でつくられ、ベンガル独自のスタイルを示している。この時代、ベンガルの北では、カーマターとアホムが勢力を伸ばしていた。

マールワー地方では、ティムールの侵寇後、ゴール朝の血を引くその地の太守が離反し、一四〇一年にスルタンを称した。一四三六年にはハルジー一族の血を引くマフムード・ハーンがスルタンとなり、グジャラート、メーワール、バフマニーその他近隣諸国と争った。同様に、一四〇七年にザファル・ハーンが独立を宣言したグジャラートでは、アフマド・シャー（在位一四一一～一四四一年）が王朝の勢力を確立し、アフマダーバード市を建設した。マフムード・ビガーラーの長い治世（在位一四五九～一五一一年）に、グジャラートは、いっそうの繁栄を見た。

カシミールでは、長くヒンドゥー王朝の支配がつづいていたが、その宰相となっていたムスリムが一三四六年王位を簒奪《さんだつ》し、スルタンによる支配がはじまった。シカンダル・シャー（在位一三八九～一四一三年）はバラモンに改宗を迫ったが、ザイヌル・アービディーン（在位一四二〇～七〇年）は、非常に寛容で、その宮廷はムスリム・

ヒンドゥー両者の文人たちでにぎわった。彼は、サマルカンドから製紙の技術を移入するなど産業の育成にも意をもちい、カシミール発展の基礎を築いた。

南インドの反発

すでに見たように、西北デカンのセーヴナ朝の首都デーヴァギリは、デリー諸王朝第二代のハルジー朝の直接統治下におかれ、南インド経略の拠点とされた。首都のワランガルを度重ねて落とされたカーカティーヤ朝も疲弊した。それより南方でも、パーンディヤ朝は、首都マドゥライを落とされ、そこにはイスラーム政権がうち立てられた。

このように、一四世紀初頭の南インドは、デリー・スルタン軍の侵攻によって大変な混乱に陥るが、それに終止符をうったのは、デカンのバフマニー王国とその南のヴィジャヤナガル王国の建国であった。

一三四七年にトゥグルク朝から独立してバフマニー王国を建てたザファル・ハーンは、ペルシアの英雄バフマーンの子孫と称したので、その名が王朝名とされた。王国は、その後、北方でマールワー、グジャラートなどと戦い、南方ではヴィジャヤナガル王国との争いをつづけた。一五世紀の前半、アフマド・シャー（在位一四二二～三六年）の時に、首都がグルバルガからその北東ビーダルに移された。王国は、ペルシ

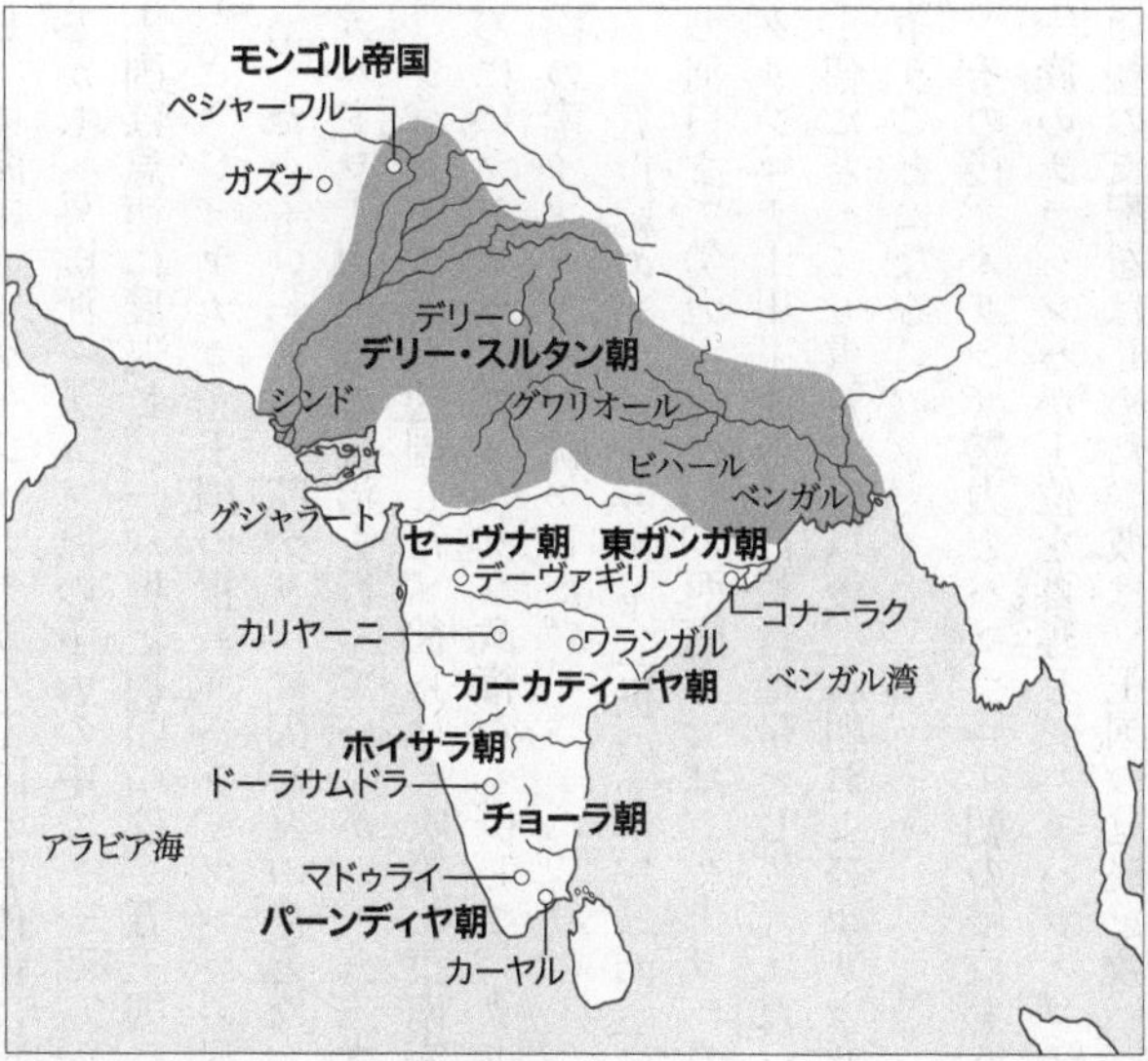

13世紀末のインド

アとの結びつきが強く、アラブ人、トルコ人、ペルシア人など、シーア派の外国人が多く入り込んで、宮廷に大きな勢力を築いていた。それに対して、デカンに土着のムスリムたちはスンナ派の信仰をもち、デカン派として外国派に対抗していた。アフマド・シャーを継いだアラーウッディーン二世の時代（在位一四三五～五七年）にその両者の争いが激化した。

つづく時代、ペルシア出身の有能な宰相マフムード・ガーワーンがでて、王国は発展した。西海岸ではゴアを掌握し、東海岸でもヴィジャヤナガル王国の弱体化に乗じてカーンチープラムを攻略した。しかし、外国派・デカン派の争いの中で、一四八一年に宰相ガーワーンが暗殺されて、王国は急速に衰退し、一六世紀初頭には、五王国に分裂した。

ヴィジャヤナガル王国の祖ハリハラ、ブッカの兄弟は、カーカティーヤ朝の封臣であったともいわれ、一時デリーに囚《とら》われの身となっていた。その後、赦《ゆる》されてトゥンガバドラー川流域の統治を行っていたが、一三三六年、反旗をひるがえして独立しヴィジャヤナガルを建国した。彼らは、次第に東南海岸平野にも進出し、一三七〇年ころにはマドゥライのスルタン政権をも倒して、クリシュナー、トゥンガバドラー川以南の南インドの地を統一した。

一五世紀のデーヴァラーヤ二世の治世（一四二二〜四六年）には、クリシュナー川の河口まで勢力を伸ばし、西南方では、ケーララの港市をも支配下においた。しかし、クリシュナー川下流の地は穀倉地帯として、またベンガル湾への出口としてバフマニー朝にとっても重要で、以後、両朝およびオリッサ勢力が、この地の支配をめぐって争うことになる。

その後、オリッサ勢力とバフマニー朝の侵攻をうけるが、一四八六年、サールヴァ一族のナラシンハが王位を簒奪《さんだつ》し、ハリハラ・ブッカのサンガマ朝に代わるサールヴァ朝の支配をはじめた。彼は、王国の危機を救い、クリシュナー川下流域を再び支配

ヴィジャヤナガル王都ハンピのヴィッタル寺の前庭にあるラタ（山車）（14世紀前半）

し、マラバール海岸の港をも掌握した。しかし、その死後、トゥルヴァ一族が勢力を伸ばし、一五〇五年からはトゥルヴァ朝の支配が開始される。

ヴィジャヤナガル王国の支配は、西部デカンからはじまり、次第に東南方のタミル地方に及んでいったので、その過程で、多くの戦士たちがカルナータカおよびアーンドラ地方からタミル地方に進出した。タミル地方では、一四世紀に手工業・商業が発展を見せつつあったが、ヴィジャヤナガルの戦士たちは、それに高額の税を課すなどの圧政を行ったので、一五世紀前半には、農民を含む下層民の反乱が起こっている。

南宋《なんそう》の発展とともに、中国の南アジ

ア方面への進出がはじまり、他方、インドにおけるイスラーム政権の出現は、アラブ商人のインドへの渡来を促進した。一三、一四世紀に、モンゴルがインド洋の東西に勢力を築くと、東西貿易は、いっそうの発展を見せ、インドの港は香辛料や陶磁器を積んだアラブの船、中国の船でにぎわった。南インドにおける手工業の発展も、それと関連するもので、綿布の生産が大きく発展した。一五世紀末には、ヨーロッパ人の来航がはじまり、インド洋をめぐる東西貿易は、新しい時代を迎えることになる。

デリー・スルタン朝の支配と新しい文化の展開

この時代、すなわち一三世紀初頭からの三百年間を全体として見てみると、やはりデリーを中心にムスリム政権が成立したことが大きな意味をもっている。一四世紀の後半からのモンゴルの進出は、デリーのスルタンたちに西方との直接の接触を絶たせることになり、彼らは、少数者としてインドの状態と妥協しつつ、その統治を行わなければならなかった。また、彼らがペルシア文化の影響を強くうけたトルコ系およびアフガン系の部族であったことも、その統治に独特の色彩を与えていた。しかし、この時代、イスラーム文化の波は、南インドをも含む全インドを席巻《せっけん》し、その後の歴史に大きな影響を与えたのである。

デリー諸王朝支配の特色は、軍事的色彩の強かったことと、スルタンと貴族たちと

イスラーム神秘主義者（スーフィー） ニザーム・ウッディン朝を参拝する人たち（ニューデリー）

の間に常に抗争がくり広げられたことである。軍隊における大規模な騎兵の導入や軍人に与えられる封土としてのジャーギールは、彼らがもち込んだ新しい要素であった。ただし、広大なインドの統治のためには、彼らは、それまでのヒンドゥー王朝で行われてきた社会制度や徴税機構をそのまま認めて、それに依拠せざるをえず、その統治によって社会が一変したわけではない。一般に異教徒に課されるジズヤを払えばイスラーム教への改宗を強いられることもなく、ジズヤを課さないスルタンも見られた。

ここで、この時代の思想的状況について見てみよう。前代における南インドでのバクティ信仰の展開、東インドにおけるタントリズムの盛行については、すでに記したが、一四、一五世紀には、それらが各地に伝播《でんぱ》した。神への帰依を説くバクティの信仰を哲学的に確立したのは、チョーラ朝時代のヴィシュヌ派の宗教改革者ラーマーヌジャ（一〇一七〜一一三七年？）であったが、その思想は、一五世紀に同派のラーマーナンダ（一四〇〇ころ〜七〇年ころ）によって北インドにもたらされ、クリシュナ信仰、ラーマ信仰として大きく展開した。

チャイタニヤは、歌と踊りによってベンガルとオリッサの地にクリシュナ信仰を広めたが、このヴィシュヌ派バクティの運動は、つづいてマトゥラー、グジャラートなどの諸地方にも広まった。タントリズムもまた、ヨーガ行法の発展と結合して大きな勢力となった。帰依信仰としてのバクティにしても、男性原理と女性原理の結合を重視するタントリズムにしても、それは哲学的思弁を説く古代のバラモン・エリートの信仰とはまったく異なって、教えの容易さによって民衆をひきつける中世的思想ということができる。

一方、イスラーム教においても、ペルシアで展開したイスラーム神秘主義（スーフィズム）に基づく行者（スーフィー）の活動が盛んで、デリーやベンガルなどでは、それによってヒンドゥー教の下層民から多くの改宗者がでて、スーフィーに対する聖者崇拝も行われた。この時代におけるムスリムの増加は、スルタンによる改宗の強要によるものではなく、むしろこのスーフィーの活動によるものといわれている。

さらに注目すべきことは、このスーフィーの活動と聖者崇拝がイスラーム教とヒンドゥー教の間に接点をつくりだしたことであり、ラーマーナンダの説くカースト否定も、イスラーム教の平等思想と合致した。一四世紀前半にデリーに庵《いおり》を開いたチシュティー派の行者ニザームッディーン・アウリヤーは、多くの人びとをひきつけ、ヒンドゥー教の行者たちからも慕われたという。そのような流れの中で、一五世紀には、ヒンドゥー教とイスラーム教両方の影響をうけ、新しい信仰を説くカビール（一四四〇ころ～一五一八年ころ）が出現した。ヴァーラーナシーのバラモンの子で、ムスリムの織布工に育てられたというカビールは、ヒンドゥー教とイスラーム教を統合して普遍的神の存在を説いたが、その思想は、後にナーナクにひき継がれ、シク教の成立に影響を与えることになった。

8　ムガル帝国の発展とヴィジャヤナガル王国

ムガル朝支配のはじまり

ムガル朝の開祖バーブル（在位一五二六～三〇年）は、父方でティムール六代目の直系子孫、母方で、チンギス・ハーン十五代の血を引くといわれるが、一五世紀の初めにはカーブルの地を統治していた。彼は、それまでにも何回かインドへの侵攻を試みていたが、スルタンと争いを起こしたローディー朝貴族の要請で、デリーへ進軍した。一五二六年、パーニーパトの地でスルタンの大軍を破り、デリーとアーグラを占領した。その後、メーワールのラージプート王、ビハールのアフガン貴族をうち破ったバーブルは、つづけて、ベンガル、マールワー、グジャラートの平定をもくろんだが、一五三〇年、病のためにアーグラで没した。

バーブルの後は、フマーユーン（在位一五三〇～四〇、一五五五～五六年）が王位を継いだ。ビハール地方では、アフガン系貴族のシェール・ハーン・スールが勢力を確立していたが、フマーユーンは彼と戦って敗れ、一五四四年、サファヴィー朝のペルシアに亡命した。

シェール・ハーンは、フマーユーンを破った後、シェール・シャー（在位一五三八～四五年）と称し、インドの王としてスール朝（一五三八～五五年）を創始した。彼は、ラージャスタン、マールワー、ブンデルカンドなどの制圧を試みたが、一五四五年に戦死した。統治は短かったが、彼は貴族たちを抑えて、集権的な統治制度の確立を試みた。すなわち、貨幣制度を統一し、道路を整備し、土地の測量に基づく徴税法を導入するなど、数々の新しい政策を実行した。それらは、彼の治世には完成されなかったが、やがて、アクバルによってひき継がれることになった。

その後、スール朝では、王位継承の争いが起こって弱体化した。フマーユーンは、サファヴィー朝の助力で、彼と敵対していた弟からカンダハールを奪い、スール朝軍をも破って、一五五五年に、デリーを奪回した。しかし、翌年、王宮の書庫といわれる建物の階段から落ちて、波乱に富んだ生涯を終えた。

ポルトガル人の進出とヴィジャヤナガル王国

ヴァスコ・ダ・ガマが喜望峰《きぼうほう》を回って初めてインドの地にやってきたのは、一四九八年であった。彼は、カリカット（現コーリコード）の地方領主ザモリンと交渉して、香料貿易を独占しようとしたが、イスラーム商人の妨害にあった。ポルトガルは、そ

コロンボ港に停泊するアラブのダゥ船と中国のジャンク船。海上交易を司った。

の後コーチン（現コチ）の領主と友好関係を結び、一五〇五年には、インドの領土を支配するインド副王として、フランシスコ・ダ・アルメイダを派遣した。ゴアの重要性に目をつけたのは、二代目のインド総督アフォンソ・デ・アルブケルケであった。ゴアは、ビージャプル王国の支配下にあって大勢のムスリム商人が住み、ペルシア湾方面との馬の貿易でにぎわっていた。アルブケルケは、一五一〇年にゴアを攻め落とし、その後、ゴアはポルトガルの東方進出の拠点として栄えることとなった。

一六世紀に、ヨーロッパ人がインド各地で勢力を築くことができたのは、新しい火器と大型船による武力、また、現地の政治権力が分裂して、たがいに争っていたという状況にもよっていた。貿易による莫大《ばくだい》な富が彼らの進出を誘ったが、イエズス会の布教がはじまると、原住民のキリスト教化という情熱も、それに加わった。

南インドのヴィジャヤナガル王国は、一五〇九年に即位したトゥルヴァ朝のクリシュナデーヴァラーヤの治世に、最盛期を迎えた。彼は、オリッサのガジャパティ勢力を破り、ゴアのポルトガル人とは友好関係を保ってアラビアからの馬の補給を確保し、北方では、一四九〇年にバフマニー王国から独立したビージャプルと争って領土を拡大した。

クリシュナデーヴァラーヤ王とつづく治世に、ポルトガル人ドミンゴ・パイスとフェルナン・ヌーネスがヴィジャヤナガルを訪れ、詳しい記事を残している。パイスによると、七重の城壁で囲まれたヴィジャヤナガル市は、世界中で最も物資の豊かな街として繁栄していたという。ヌーネスは、王国には二百人以上のカピタンがいて、領地を与えられる代わりに、貢納と一定の兵力を維持する義務を負わされていたと記している。このカピタンは、インドの史料では、ナーヤカと呼ばれる軍事指揮官で、王によって中央から派遣され、地方統治にあたっていた。彼らは、領地内で綿布などの生産を奨励し、海外貿易に熱心であった。

一五世紀末から一六世紀初頭にかけて、バフマニー朝が分裂して成立した五王国は、アフマドナガル、ベラール、ビージャプル、ビーダル、ゴールコンダであったが、中でも強力だったのはアフマドナガル、ビージャプル、ゴールコンダの三王国で、ビージャプルとゴールコンダは、南方のヴィジャヤナガルと争った。

クリシュナ信仰の展開とシク教の成立

ベンガルにおけるクリシュナ信仰の展開は、クリシュナ神へのバクティ（帰依《きえ》）を熱情的に歌いあげ、踊りながら街を歩いたチャイタニヤ（一四八五～一五三三年）の活動によるところが大きかったが、ガンジス・ヤムナー平原では、南インド出身のヴァッラバ（一四七九～一五三一年）が、クリシュナ伝説の聖地マトゥラーを中心に、その信仰を発展させた。弟子の一人、盲目の詩人スールダース（一五〇三？～六三年）は、クリシュナと牧女ラーダーの愛を歌う詩によって、人びとをその信仰へと導いた。メーワールの王妃ミーラーバーイー（一四九八／一五〇三～一五四六年）も、クリシュナ神を自分の夫と見立てる詩によって、今日に名を残している。

『ラーマーヤナ』の主人公ラーマ王子も、クリシュナと並んでヴィシュヌ神の化身として崇拝され、その信仰は、インド各地に広まった。北インドでの信仰の展開は、詩人トゥルシーダース（一五三二？～一六二三年？）の『ラーム・チャリット・マーナス』によるところが大きい。

グル・ムキー文字で書かれたシク教徒の聖典『アディ・グラント』聖典

ヒンドゥー教のバクティ思想とイスラーム教のスーフィズムの影響をうけ、普遍的神への信仰を説いたのは、パンジャーブの地に生まれ、シク教の開祖となったナーナク（一四六九～一五三八年）であった。彼は、バクティ思想を説いたラーマーナンダや、イスラーム・ヒンドゥー両宗教を超えるところに自己の信仰を見いだしたカビールにも影響され、普遍的存在としての唯一神を信じ、偶像崇拝や苦行などをせずに普通の生活を送るように人びとに説いた。カーストの差別にも反対した。彼の教えは、弟子によってうけ継がれ、やがて教団が組織され、その後の政治状況によって、教団は、一七世紀には軍事的色彩をも帯びるようになっていった。

北インド各地における新しい信仰の展開

は、地方言語による文学を発展させることとなったが、南インドのヴィジャヤナガル王朝のもとでは、宮廷の保護をうけてテルグ文学が栄えた。詩人としては、アッラサーニ・ペッダナが名高く、クリシュナデーヴァラーヤ王自身も、テルグ語での政治綱要書『アームクタマールヤダ』の作者として伝えられている。

アクバルの統治

一五五六年、フマーユーンが不慮の死を遂げた時、十四歳の長子アクバルは、後見の将軍バイラム・ハーンとともにパンジャーブの地でスール朝（一五三八〜五五年）のシカンダルと戦っていたが、直ちにムガル朝第三代の君主として即位した（在位一五五六〜一六〇五年）。二人は急いでパンジャーブからもどり、デリーを占領していたヒームーの軍をパーニーパトの地で撃破し、首都を奪還した。その後は、グワーリヤル、アジメール、ジャウンプルを攻めてその領土を拡大した。

アクバルは、一八歳になると、バイラム・ハーンを追放し、後宮の女性や貴族たちの勢力をも抑えて、その権威を確立した。一五六二年、彼はアンベールのヒンドゥー教徒の王の娘を妻として迎えたが、彼女は後に皇帝ジャハーンギール（在位一六〇五〜二七年）の母となった。彼は一五六八年、メーワールのチトール城を落とし、一五六九年には、ランタンボールとカーリンジャルの城を落とした。ラージプートの地はムガル朝の一つの州（スーバ）とされたが、王たちは領地の支配を許され、ムガル朝に忠誠を誓い、アクバルの統治を支える一つの重要な柱となった。アクバルがヒンドゥー王女と結婚していたことも、ラージプートたちとの友好関係をつくるのに役立ち、彼は、ヒンドゥー教徒の聖地巡礼税を廃止し、一五六四年には、非ムスリムに対する

ムガル皇帝第三代の若きアクバルの肖像（コルカタ・インド博物館所蔵）

ジズヤ（人頭税）をも廃止した。

一五七二年、アクバルは、グジャラートに遠征してスーラトを落とし、翌年、アフマダーバードを占領した。ムガル朝はポルトガル人と接触し、アクバルの要請でゴアから招聘《しょうへい》された宣教師のモンセラーテは、アクバルの統治について詳しい記録を残している。アクバルは、つづけてベンガルの制圧に乗りだし、その後も各地を転戦した。その結果、一五九六年までに彼の領土は、ナルマダー川以北の全北インドとアフガニスタンの地にまで広がった。彼は、さらにデカンの制圧をもくろみ、一五九九年、自らナルマダー川を渡り、一六〇一年にアシールガルの城を落とした。この戦役中、首都に残った王子サリームが謀反を起こしたが、一六〇五年、アクバルは死の床で彼と和解し、サリームはムガル朝第四代の皇帝ジャハーンギールとなった。

アクバルは、ヒンドゥー教に対して寛容であっただけでなく、ゾロアスター教、ジャイナ教、キリスト教にも大きな関心を示し、それらの聖職者を招いて教えを聞き、またたがいに議論させたという。そればかりか、彼は、ディーネイラーヒーという宗教を創始した。これはあらゆる宗教の美点を集めた一神教的神への信仰で、彼自身が教主的立場に立つものであった。この宗教は彼の死とともに消滅したが、このようにアクバルがイスラーム教の信仰を離れたことは、正統的イスラーム教徒の間に大きな不安をひき起こし、彼の治世に起こった反乱のいくつかはそれに起因していた。

アクバルは、芸術を愛好し、その寛容な宗教政策のもとで、ヒンドゥー教文化とイスラーム教文化の融合が進んだ。彼の時代の代表的建築として、アーグラに近いファテープル・シークリーの地に彼が建設した赤砂岩の華麗な城が残る。ペルシア語で詩を書いたファイジーは、アクバルお気に入りの桂冠詩人であった。

アクバルが領土を拡大して大帝国を築きあげることができたのは、有能な側近に恵まれて、優れた行政制度をつくり得たからであった。アクバルの統治記録『アクバル・ナーメ』を書いたアブール・ファズルもその一人で、ラージプートのマーン・シングは重要な征服地の統治にあたり、トーダル・マルは宰相となって財政改革を行った。帝国は、行政の区画として、まずスーバ（州）に分けられ、その下でサルカール（県）、パルガナー（郡）に細分され、財政上はカーリサ（帝領地）とジャーギール（給与地）に分けられていた。カーリサは全土の約一～二割を占めていたらしい。ムガル朝の王族・貴族たちは、高級武官に任ぜられ、それぞれマンサブ（禄位）を与えられた。マンサブには、その位階に応じた給与と維持すべき兵馬の数が定められていた。給与は、本来は現金支給が建て前であったが、実際にはそれに見合ったジャーギールを与えられるのが普通であった。ジャーギールの世襲は許されず、任地替えが行われた。ラージプートの王たちも、このマンサブの授与によって、ムガル朝の帝国行政に組み込まれていた。

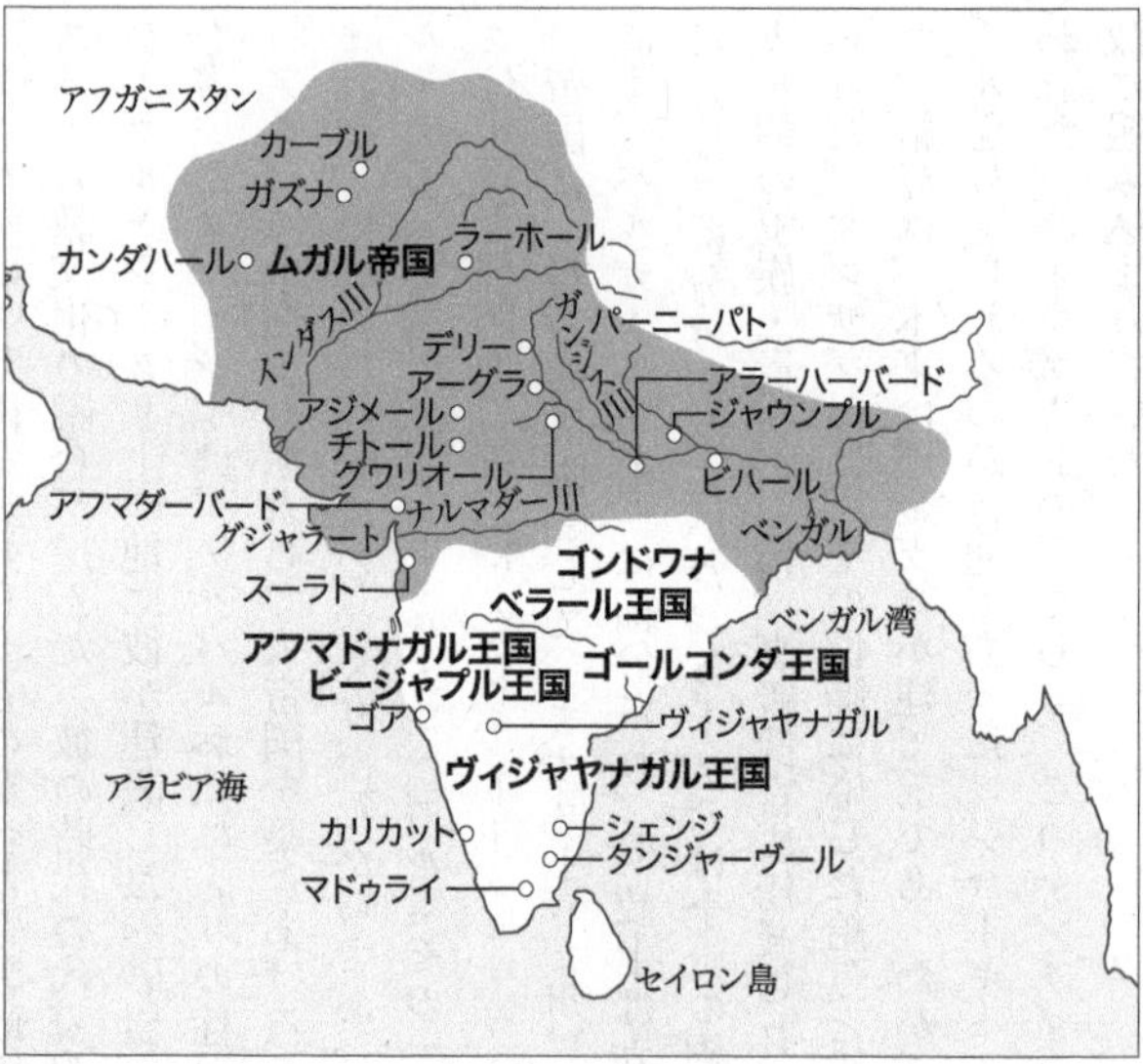

16世紀末のインド

地税の徴収にあたっては、シェール・シャー（スール朝初代皇帝、在位一五三八～四五年）以来のやり方にしたがって綿密な調査が行われ、単位面積当たりの収量を貨幣に換算した徴収が一般的であった。徴税業務を担当したのは、アミールその他の官吏であったが、ザミーンダールと呼ばれる豪農層の在地支配が確立している土地では、一定の権益保持を許されたザミーンダールが、その役割を負わされていた。

　地税の額は主要穀物の場合、収穫高の二分の一にのぼるのが普通であったらしい。農業生産物としては、大麦、小麦、米などの他に、綿、砂糖きび、インディゴ（藍《あい》）などの商品作物の生産も行われた。

ヴィジャヤナガル王国の首都ハンピのヴィッタル寺

ヴィジャヤナガル王国の滅亡

ヴィジャヤナガル王国では、一六世紀中葉、アーラヴィードゥ家のラーマラージャとその弟のティルマラが実権をにぎり、デカンの五王国に対抗していた。彼らの政策は、五王国をたがいに反目させることにあったが失敗し、一五六五年、五王国の連合軍は、クリシュナー川に近いターリコータ（ラークシャシ・タンガディ）の地でヴィジャヤナガル軍を大敗させた。ラーマラージャは命を落とし、首都ヴィジャヤナガルは連合軍の馬蹄《ばてい》に踏みにじられた。ティルマラは、東南方のペヌゴンダに退き、一五六九年ころ、自ら王位について（在位～一五七二年）、アーラヴィードゥ朝（一五六九～一六四九年）を創始した。

その後も、北方からの圧迫はつづいて、首都はさらに南方のタミル地方に移され、ヴィジャヤナガル王国は、ヴェンカタ二世の治世にいくぶんかの繁栄をとりもどした。しかし、タミル地方では、シェンジ（ジンジー）、タンジャーヴール、マドゥライのナーヤカ（地方支配者）が力を増大させ、ヴィジャヤナガル王の権威に服しながらも、半ば独立した統治を行っていた。ビージャプル、ゴールコンダ二国は、さらに圧力を強め、一七世紀中葉、ビージャプルの攻撃で王国はついに滅亡した。タンジャーヴール、マドゥライのナーヤカは独立に向かった。

東インド会社の設立

一六世紀には、ポルトガルが東インド貿易の主役であったが、一七世紀には、オランダとイギリスがそれに代わった。当時ヨーロッパでは重商主義が全盛で、各国は東インド会社をつくって、国が特権商人を援助し、貿易の独占を争った。ポルトガルは、ジャハーンギールの治世にムガル朝と衝突した。一六〇〇年に東インド会社を設立したイギリスは、ジャハーンギールの宮廷に使節を送ってスーラトに商館を開き、その後も友好関係を維持した。一六三九年にはタミル地方に一拠点を獲得し、それは後にマドラス（現チェンナイ）として発展した。オランダ東インド会社の規模は、イギリスのものに比べてはるかに大きかったが、彼らは、バタヴィア（現ジャカルタ）を根拠地に東南アジアの香辛料貿易の独占をめざした。インドでも、スーラト、コチ、マスリパタムなどに商館を開いて、東南アジアへ輸出する綿布の買付けを行った。

ジャハーンギールとシャージャハーン

一六〇五年、父アクバルから皇帝位を継いだジャハーンギールは、ほぼ二十年間統治した。彼はまず、一六一二年に、ベンガルで謀反を企てていたアフガン貴族を鎮圧し、その後、アクバルに抵抗していたメーワールのラージプート王アマル・シングを屈服させ、さらにデカンのアフマドナガルを制圧した。アクバルの落とすことのできなかった北方の要衝カーングラの城をも落としている。

しかし、アフガニスタンのカンダハールの地は、彼の治世にペルシアに奪われ、晩年にはアフマドナガルも失われた。

内政面では、彼の治世は、宮廷内の争いに彩られている。王子フスローは、大変人望があったが、父王の即位後に謀反を起こし、長く囚《とら》われの日を過ごした後に、不明の死を遂げている。ジャハーンギールは、ペルシア系の美貌《びぼう》の女性、ヌール・ジャハーンを妻としたが、彼女はやがて宮廷で大きな権力を振るうようになった。ジャハーンギールの病死とともに継承争いが起こったが、シャー・ジャハーンが勝ち、一六二八年、第五代皇帝となった。

シャー・ジャハーンの治世は、三十年ほどつづき、ムガル帝国は、その間に絶頂期を迎えることになる。彼は、まずアフマドナガルを攻めて、一六三三年にこれを滅亡させ、つづけてビージャプルとゴールコンダをも攻めて、ムガル朝への貢納をうけ入れさせた。新しく獲得したデカン地方の統治には、第三子で後の皇帝アウラングゼーブがあたった。

アウラングゼーブと王位継承戦

デカンにあって、アウラングゼーブは、ゴールコンダ・ビージャプル二国の併合を試みた。ゴールコンダは、アブドゥラー・クトゥブ・シャー（在位一六二六～七二年）の統治下にあったが、当時、ペルシア人の商人ミール・ジュムラが宰相として権勢を振るっていた。この地はダイヤモンドの産地としても有名であったが、綿布の生産も盛んで、一六世紀の前半にはすでにオランダ人、イギリス人が王国の港マスリパタムに商館を開いていた。

ビージャプルは、ムハンマド・アーディル・シャー（在位一六二六～五六年）の統治下にあった。ムガル朝への貢納を義務づけられはしたものの、南方では一六四九年にシェンジ（ジンジー）を落としてヴィジャヤナガル王国を滅亡させ、ゴアのポルトガル人に対しても優位に立っていた。一七世紀前半がこの王朝の最盛期であった。

アウラングゼーブは、父王の病の報に接したとき、ゴールコンダ、ビージャプル二国を攻略中であったが、ベンガルにあった次兄と結んで首都に進軍し、一六五八年、アーグラ城を守る長兄ダーラー・シュコーの軍を破った。

父シャー・ジャハーンは、城内に幽閉され、一六六六年の死にいたるまで、居室から愛妃の墓廟《ぼびょう》タージ・マハルを眺めて日を送ったという。アウラングゼーブは、一六五八年にデリーで正式に即位し、兄弟をつぎつぎと殺害した。

インド・イスラーム文化の形成

ジャハーンギールの信仰については、よくわからない。彼はスーフィズム、バクティ信仰のような非正統派の信仰やキリスト教などに興味を示し、アクバルと同じく寛容な態度を保持していた。しかし、シャー・ジャハーンは、スンナ派ムスリムとしての信仰をもち、ヒンドゥー教の新寺院の建立を許さず、建築中のものをも破壊させている。アウラングゼーブは、イスラーム正統派の強い信仰をもっていたが、長兄のダーラー・シュコーは、ヒンドゥー教、キリスト教に接近し、ウパニシャッド哲学にも通じていたという。パンジャーブの地では、一六世紀末以来、第五代教主（グル）アルジュンのもとでシク教が発展をつづけていたが、彼は、一六〇六年にジャハーンギールと衝突して命を落とした。

ジャハーンギールとシャー・ジャハーン期の行政は、基本的にアクバル統治の延長であったが、マンサブダール（禄位保持者）への給与の支払いは、ジャーギール（給与地）の割り当てによるのが一般的であった。しかし、シャー・ジャハーンの時代には、マンサブ（禄位）の総数が増大する一方で、度重なる戦役による戦費がかさみ、マンサブ数に応じたジャーギールの割り当てが困難となっていた。これは増税としてはね返り、農民を圧迫した。

ムガル朝の文化は、この時代に最高の段階に達した。絵画は、インドの伝統と結合

ムガル帝国の５代皇帝シャー・ジャハーンが建立したタージ・マハル

した洗練の域に達し、アブール・ハサン、ウスタード・マンスールなど優れた画家を生みだした。建築でも、シャー・ジャハーンが若く世を去った愛妃ムムターズ・マハルのために建立したタージ・マハル、アーグラ城のモーティー・マスジッド、今のオールドデリーをなすシャージャハーナバードの建築など、多くの優れた建築物が残っている。

9　マラーターの台頭とムガル帝国の瓦解

アウラングゼーブの統治

一六五八年に即位し、一七〇七年に八十八歳で没したアウラングゼーブの長い治世は、ムガル朝インドの最後の輝きであると同時に、その没落を決定づけるものでもあった。彼の即位後の最初の大きな戦役は、アッサム遠征（一六六一～六三年）で、彼が遣わした武将はカーマルーパの地をアホム勢力から奪回した。その後、ベンガルの統治は、アウラングゼーブの叔父《おじ》にあたるシャーイスタ・ハーンの手にゆだねられた。

アウラングゼーブは、父王にもましてスンナ派ムスリムとしての正統的信仰をもち、個人的には戒律にしたがった厳格な生活を送ったが、ヒンドゥー教、シク教など異教を弾圧し、ヒンドゥー教徒を官職に登用せず、さらには、ジズヤ（人頭税）を復活する（一六七九年）などの政策をとったため、各地で反乱が起こった。

彼は、自己の統治が安定し、彼を助けてきたジャイプルのラージプート王ジャイ・シングが死ぬと、ヒンドゥー教徒の弾圧に乗りだし、聖地ヴァーラーナシーやマトゥラーの名高いヒンドゥー教寺院をも破壊した。そのことは、一六六九年、マトゥラーを中心として勢力をもっていたヒンドゥー農民ジャート族の反乱をひき起こした。彼らはその後もたびたび反乱し、一六九一年にはシカンドラーのアクバルの墓をあばいたりしている。ブンデルカンド、マールワー地方のヒンドゥー教徒も反乱を起こし、マールワー東部は事実上ムガル朝の支配から独立した。また一七七二年にデリーの北方で、サトゥナーミー（聖名派）として組織された下層のヒンドゥー教徒による反乱も起きている。

ムガル帝国6代皇帝アウラングゼーブ帝の肖像

以上のような反乱とは性格を異にしていたが、西北方では、アフガン部族の反乱が帝国の支配を脅かしていた。アウラングゼーブは、一六七四年、自らペシャーワルの近くまで進軍してしずめ、その後は、カーブルの太守アミール・ハーンの有能な統治によって平穏が保たれた。

マラーター勢力の台頭

しかし、ムガル朝の支配を急速に衰えさせることになったのは、新興のマラーター勢力である。ラージプート諸王とシク教徒もそれに加担した。西ガーツ山脈北部でマラーター族を台頭させたシヴァージー（一六二七〜八〇年）は、ビージャプル王国の小領主であったシャーハジー・ボーンスレーの息子として生まれ、長じてプネー南西のトールナの山城を攻略したのを皮切りに、手兵を集めて支配地を拡大した。彼は、一六五六年、プラタープガドに城を築いて根拠地とし、父親が仕えていたビージャプルの軍を破り、つづいてムガル朝軍と対戦した。一六六五年にムガル朝との間に和議がなり、シヴァージーは、翌年、アーグラにおもむいて、アウラングゼーブ帝と会見した。しかし、与えられた待遇に満足せず、ムガルの宮廷を脱出した。

その後しばらく内政の立て直しを図ったシヴァージーは、一六七〇年から再びムガル朝との対立を強め、スーラトを攻撃し、ムガル朝支配下の地からチャウトと呼ばれる貢納金を取り立てるようになった。各地でのムガル朝に対する反乱に乗じて、シヴァージーは、コンカン地方にも領地を拡大し、一六七四年にラーイガドの地でチャトラパティ（王傘の主）として即位した。その間に、彼の異母弟ヴィヤンコージーは、ビージャプル王国の臣として南方を攻略したが、一六七五年、タンジャーヴール（タンジョール)を占領し、そこからマラーターによるタンジャーヴール支配がはじまった。シヴァージー自身も、ヴェールール、シェンジなど南インドの拠点を攻略したが、デカンにもどった後、一六八〇年、ラーイガドの地で急逝した。

マラーター王国の行政は、ペーシュワー(宰相)を含む八人の大臣によって司《つかさど》られた。直接支配下におかれた領域では、行政官が徴税し、辺境の地からはチャウトその他の貢納が差しだされた。軍事組織としては、給料を払い、一年を通して戦争のできる騎兵と歩兵からなる常備軍があり、他に、象軍・ラクダ軍・砲兵隊もあったという。

彼は、バラモンや聖牛を敬い、カーストの規律を守る敬虔《けいけん》なヒンドゥー教徒として育てられ、王宮にあっては聖人ラームダースの教えを聞き、マハーラーシュトラにバクティ信仰(神への絶対的帰依の信仰)を広めた詩人トゥカーラームとも親しかったといわれている。ムスリムの歴史書やヨーロッパ人の旅行記では、一般に、彼は残忍な山賊の首領として描きだされているが、あるムスリムの史書は、彼がモスクやコーランにも敬意を払い、捕虜の女性を保護したと記している。

マラーターの台頭と並んでムガル朝の力を弱めることになったのは、ラージプート諸王の離反である。一六七八年、マールワール(ジョードプル)の王ジャスワント・シングが死ぬと、アウラングゼーブは、その地の併合を試みたが、これは、マールワールおよび隣接するメーワール二国の離反をひき起こした。一六七九年のジズヤ復活は、ラージプートたちを激昂《げきこう》させ、戦いは長引いた。アウラングゼーブは、三人の王子をその戦闘にあたらせたが、その一人アクバルとの間に対立が生じ、アクバルは、父帝に反旗をひるがえしてラージプート側につく事態に発展した。一六八一年、メーワール王国との間には和解が成立したが、マールワールとはその後も戦いが継続した。王子アクバルは、シヴァージーの後を継いだマラーター王国のサンバージーを頼って寄寓《きぐう》したが、後にはペルシアに逃れて、その地で客死した。

デカンの制圧

メーワール王国との和解が成立すると、アウラングゼーブは、ついにデカンの経略に乗りだした。それはマラーターとの戦いをも意味したが、彼は、一六八三年にはアフマドナガル、一六八五年にはショーラプルに進軍した。翌一六八六年にはビージャプル王国（アーディル・シャーヒー朝）を滅ぼし、つづいてマラーター王国と通じていたゴールコンダ王国（クトゥブ・シャーヒー朝）を攻めて、一六八七年ついにそれをも滅ぼした。マラーター王国との戦いはつづいたが、一六八九年、サンバージーを捕らえ処刑した。マラーター王国に対して優位に立ったアウラングゼーブは、さらに南方のタンジャーヴールとティルチラーパッリをも制圧したので、領土的には、ムガル朝は、彼の治世に最大の版図を実現することとなった。

サンバージーを失ったマラーター王国は、一時弱体化したが、彼の後は弟が王位を継ぎ、さらにその死後は妃のターラー・バーイーが継いで、ムガル朝への抵抗をつづけた。この長引いたマラーター王国との戦いの中で、アウラングゼーブは、王子の離反にあって孤独を深め、一七〇七年には病を得て、アフマドナガルの地で没した。

アウラングゼーブは、ムスリム正統派としての堅い信仰をもち、個人的には戒律を守る厳格な生活を送ったが、ヒンドゥー教を弾圧し、すでに見たように、それがラージプートその他の反乱をひき起こした。彼はパンジャーブ地方のシク教徒とも衝突した。アクバルと同時代であった第五代グル（教主）のアルジュンは、アムリトサルに黄金寺院を建立し、歴代グルやカビールなどの教えを記す聖典『グラント・サーヘブ』を編纂《へんさん》してシク教を発展させたが、ジャハーンギールに捕らえられて、自ら命を絶った。その後、シク教徒とムガル朝の関係は悪化し、一六七五年、アウラングゼーブは、第九代グルのテーグ・バハードゥルを捕らえて処刑した。それを継いだ第一〇代グルのゴーヴィンドは、ムガル朝の支配に対抗すべく、シク教徒を真に軍事的な集団につくり上げた。すなわち、シク教徒の男性が髪を切らず、剣を帯び、シングの名をもつなどの戒律は、この時に定められ、シク教徒は、以後、ムガル朝を脅かす勢力に成長した。

アウラングゼーブの治世に、ポルトガルはほとんど力を失い、オランダはひきつづきバタヴィア（現ジャカルタ）を拠点として東南アジアでの活動に力を入れていた。勢力を伸ばしたのはイギリスで、スーラトの商館はたびたびのシヴァージーの侵入にもかかわらず維持され、さらにベンガルでも活動がつづけられた。その両方の地で、イギリスは一時ムガル朝と衝突して追いだされたが、すぐに和解した。一六九〇年、フーグリー川のほとりに築かれた商館は、後にコルカタとして発展することになった。一六三九年に獲得した南インドの拠点もマドラス（現チェンナイ）として発展した。イギリスと同じく一七世紀前半に進出したフランスとデンマークは、南インドを中心に活動をつづけていた。

アウラングゼーブ期の地税行政は、基本的には前代の踏襲であったが、二つの点が注目される。一つは地税の徴収に大きな役割を果たすザミーンダール階層の力が増大したことで、彼らはヒンドゥー教徒の種々の反乱に際して主導的役割を果たした。また、晩年の戦役の過程で、地方領主を味方につけるため、マンサブダールへの任官をふやし、これが財政を圧迫した。ムガル帝国は、この時期に、財政面からも没落の兆しを見せはじめていた。

ムガル帝国の瓦解

ほぼ五十年間統治したアウラングゼーブの死（一七〇七年）は、ムガル帝国の没落を決定づけるものであった。その後の五十年間には、八人以上の王族が帝位につき、三十年近くを統治したムハンマド・シャーを除けば、他の七人は、数年あるいは数か月の統治をしたにすぎず、そのうちの多くは、殺害されたり廃位させられている。すなわち、アウラングゼーブの死後、帝位継承戦がくり返され、ファッルークシャルが皇帝となったとき、アウラングゼーブの時代から宮廷に勢力を築いていたサイイド家の二人の兄弟が皇帝を殺害（一七一九年）し、何人かの王族をつぎつぎと帝位につけた。その一人、ムハンマド・シャーは、彼らとの抗争にうち勝って、一七四八年まで統治をつづけたが、瓦解《がかい》しつつある帝国を救うことはできなかった。

宮廷での権力争いの間に、帝国各地で反乱や離反があいついだ。シク教第一〇代のグル、ゴーヴィンド・シングは、パンジャーブでムガルの統治者と争ったが、彼はカールサーと呼ばれ入信式をうけたシク教徒の団体をつくってシク教徒の結束を図った。彼は、アウラングゼーブ死後のムガル帝位継承戦ではシャー・アーラムを助けたが、デカンに遠征中、パターン人によって暗殺された。死に際して彼は、聖典『グラント・サーヘブ』をグルに任命したので、人間としてのグルは彼で終わることとなった。その後は、ゴーヴィンドの遺志を継いだパンダー・シングが、パンジャーブの地で再びムガル朝およびアフガン勢力との抗争をつづけた。

アウラングゼーブによって抑えつけられていたラージプート諸勢力も反旗をひるが

えしたが、一七二〇年代に入ると、ベンガル、アワド、デカンの太守たちが独立的権力を行使するようになる。ベンガルでは、一七〇〇年、アウラングゼーブによってディワーン（財務大臣）に任ぜられていたムルシド・クリー・ジャーファル・ハーンが、一七一七年にスーバダール（太守）となり、首都をダッカからムルシダーバードに遷《うつ》した。彼は、イギリス人の商業活動にも規制を加えるなど、大きな権力を行使するようになった。一七四〇年にはスーバダールのアリーヴァルディー・ハーンが独立的権力を掌握した。

アワド地方では、一七二四年にホラーサーン出身のサアーダト・ハーンがスーバダールに任命されて以来、独立的な権力を振るうようになった。同じく一七二四年、デカンでは、祖父、父と三代にわたりアウラングゼーブに仕えたニザーム・ウル・ムルクが皇帝からアーサフ・ジャー（宰相）の称号を与えられ、独立の統治を行うようになった。後のハイダラーバード王国の創始者である。

ペーシュワー政権の誕生

このような宮廷内での権力争い、地方での離反があいつぐ中で勢力を伸ばしたのは、シヴァージーの手によって西部デカンに築かれたマラーター王国であった。サンバージーは処刑されたが、七歳だった息子のシャーフーは命を助けられ、ムガルの宮廷で育てられた。彼はのち釈放されたが、王国の権力をにぎっていたのはサンバージーの弟の妃ターラー・バーイーで、彼女との間に争いが起こり、王国の内紛に発展した。次第にシャーフー側が実権をにぎるようになったが、それにはバラモンのペーシュワー、バーラージー・ヴィシュヴァナートの力が大きかった。元来、ペーシュワーの位は、マラーター王国の大臣の一つに過ぎなかったが、バーラージーは次第にそれを宰相の地位にまで高めた。彼は、国王の権力をも名目的なものに後退させ、王国統治の実権をにぎるにいたった。ここからマラーター王国は、ペーシュワー統治の時代を迎えることになる。

騎馬上のバージ・ラーオ

バーラージーは、一七一四年にムガル宮廷の内紛を利用し、権力者サイイド兄弟の一人と条約を締結した。彼は、それによって、アウラングゼーブに奪われた領土を回復したばかりか、デカンにおけるムガル帝国領から、チャウトとサルデーシュムキーという税を徴収する権利を認められた。彼は、その代わりにムガル帝国の権威を認め、兵力の維持を約束したが、失ったのは名目的なものにすぎなかった。すなわち、チャウトは租税総額の四分の一にのぼる取り分権で、サルデーシュムキーは、地方での郷主《ごうしゅ》（デーシュムク）の上に立つ総郷主（サルデーシュムク）の地位に基づき租税総額の十分の一を取る権利で、これらの徴税によってマラーターは、実質的な収入とともに、それらの地方での支配権をも手に入れることになったのである。

一七二〇年、バーラージーの死後は、息子のバージ・ラーオがペーシュワーの位を継ぎ、ペーシュワー位世襲の慣行が成立した。彼は、父と同じく王国の拡大をもくろみ、ラージプート勢力と結んでムガル朝を打倒する方針をうちだした。デカンの地では、一七二四年以来、ニザーム・ウル・ムルクとの抗争がつづいたが、一七三一年には和解が成立し、ここにマラーター王国によるムガル帝国打倒は機が熟したかに見えた。そこに起こったのがイランからのナーディル・シャーの侵入であった。

イラン・アフガニスタンからの侵入

イランでサファヴィー朝に代わってアフシャール朝（一七三六〜九六年）を興したナーディル・シャー（在位一七三六〜四七年）は、一七三九年にインドに侵入した。

ムガル軍は、カルナールの地で迎え撃ったが破られ、ナーディル・シャーは、二か月近くデリーにとどまって略奪を欲しいままにした。ムガル皇帝アフマド・シャーは、インダス川以西の割譲を約し、ナーディル・シャーは、シャー・ジャハーンの孔雀《くじゃく》の玉座や後にイギリス女王の王冠を飾ることになった世界最大のダイヤモンド、コーヒヌールを含む膨大な戦利品をもって引き揚げた。

マラーター王国は、このナーディル・シャーの侵入によって北上の動きを阻止されたものの、一七四〇年にペーシュワー（宰相）の位を継いだバーラージー・バージーラーオ（在位～一七六一年）の時代には、東方へ勢力を伸ばし、ベンガルを脅かした。しかし、この時代には、シンデー、ホールカル、ガエクワードなど、各地の諸侯の力が一段と強まり、王国のあり方が、ペーシュワーを盟主として、その権威のもとに同盟を形成するように変わってきた。

一七四七年、イランでナーディル・シャーが暗殺されると、アフガニスタンの地では、アブダーリー族のアフマド・シャー・ドゥッラーニー（在位一七四七～七二年）が独立した。その王統はドゥッラーニー朝とも呼ばれるが、アフマド・シャーは、何度もインドに侵入した。ムガル朝には、もはやこれを阻止する力がなく、デリーを落とされ、マラーター同盟に助けを求める始末であった。

一七六一年の侵入に際し、マラーター同盟軍はかつての古戦場パーニーパトの地で決戦を挑んだが、一敗地にまみれた。一方、勝ったアフガン勢力もデリーへ進軍するだけの余裕はなく、アフガニスタンに引き揚げた。しかし、この敗北によってマラーター同盟は、ムガル朝に代わって北インドを統治する機会を失ったのであった。ペーシュワーも命を落とし、その位はマーダヴァ・ラーオ（在位一七六一～七二年）が継いだが、彼には、もはや盟主としての支配力が失われていた。

10　ヨーロッパ諸勢力の進出

ヨーロッパ各国の東インド会社

イギリス東インド会社の拠点は、会社組織の再編成が行われた一七〇九年以降、ボンベイ（現ムンバイ）、マドラス（現チェンナイ）のセント・ジョージ要塞《ようさい》、ベンガル（カルカッタ［現コルカタ］）のウィリアム要塞の三地点とされ、それぞれが管区《プレジデンシー》を形成するようになっていった。スーラトはボンベイに編入された。一七四四年のボンベイの人口は七万、カルカッタは十万、マドラスは一番大きく三十万にのぼった。

従来の交易のパターン、すなわち、ヨーロッパからもち込んだ銀でインドの綿布を買い、それを東南アジアへ運んで香辛料を購入する。あるいは、インドから香辛料をもち帰るといった交易パターンは、この時代に徐々に変化し、香辛料・綿布に加えて、ベンガル地方のインディゴ（藍《あい》）や、硝石《しようせき》がヨーロッパ市場で大きな需要を呼ぶようになっていた。それは、東インド会社に大きな利益をもたらしたが、同時に、会社に属する個々の人間も、個人的な取引によって大きな利を得た。また、要塞の周辺には職人や仲買人など大勢のインド人が住みつき、イギリス人も商品を求めて内陸部まで入り込むようになっていた。

一六六四年、コルベールによって設立されたフランス東インド会社は、自由な商人たちの集まりといった性格をもつイギリスの東インド会社に比べて、国家が経営する色彩が強かったが、綿布・絹織物の取引を中心にポンディシェリーを拠点として活動をつづけ、一八世紀前半には業績を大きく伸ばした。しかし、総貿易高は、イギリスの半分程度にとどまっていた。アジア進出の拠点をバタヴィア（現ジャカルタ）におくオランダは、インドでもナーガパッティナム、マスリパタムなどを中心に貿易活動をつづけていたが、次第に撤退した。デンマークの活動は微々たるものにとどまっていた。

カーナティック戦争と英仏抗争

インドで大きな勢力を築きつつあったイギリスとフランスは、いずれはインドの支配をめぐって衝突する運命にあったが、一七四〇年にヨーロッパでオーストリア継承戦争が勃発《ぼっぱつ》すると、一七四四年についにインドでも矛《ほこ》を交えることになった。第一次カーナティック戦争である。ポンディシェリーには、フランスの総督として一七四一年にデュプレックスが着任していたが、フランス艦隊は、一七四六年、イギリスの拠

フランスのマドラス占領（第一次カーナティック戦争）

点マドラスを攻撃して占領した。その後も戦いはつづいたが、一七四八年、オーストリア継承戦争の終結と同時に終わり、マドラスはイギリスに返還された。

南インドの東南海岸平野部（カーナティック）では、一七世紀末からムガル帝国がアルコットにナワーブ（太守）をおいて、その地の統治にあたらせていた。しかし、この地方にはほかに、マドゥライのナーヤカ、タンジャーヴールのマラーターなどの政権があり、それら諸勢力の間に争いがつづいていた。その過程で、ナワーブの位をめぐって争いが起こり、デカンのハイダラーバードでも、ニザーム・ウル・ムルクの死後、後継者争いが起こった。

これらの争いに目をつけたデュプレックスは、それらの一方の勢力と結び、これに対抗してイギリスはその反対の勢力を後押しし、一七五〇年、それら在地勢力を巻き込みながら、フランスとイギリスの間に、第二次カーナティック戦争がはじまった。ティルチラーパッリ要塞の攻防戦がつづいたが、長引くのを好まなかったフランスは、デュプレックスを本国に召還し、一七五四年和議が成立した。フランスはカーナティックにおける権益を失ったが、ニザームとの友好関係樹立により、アーンドラ海岸地帯に利権を獲得した。

ほどなく、ヨーロッパで七年戦争が起きると、一七五八年、インドにおいてもイギリス、フランスの間で第三次カーナティック戦争がはじまった。海軍力の弱体なフランスは次第に劣勢になり、一七六一年にポンディシェリーが落とされて、その敗北が決定した。しかし、七年戦争が終わると、一七六三年、ポンディシェリーは軍事施設の撤去を条件にフランスにもどされた。

この三次にわたったカーナティック戦争は、ヨーロッパでの戦争との連動からわかるように、基本的にはイギリスとフランスとの争いであったが、在地勢力をも巻き込んでインドの地で行われ、その過程で、インドの諸勢力に対するヨーロッパの軍事力の優秀さが立証されることになったのであった。これは、つづいて起こる軍事力によるインド植民地化の第一歩としての意味をもっていた。

イギリスによるベンガルの獲得

ベンガルでは、ダッカとウィリアム要塞を中心としたイギリス東インド会社の活動が一層活発となり、それとともに、通関や取引をめぐってナワーブ権力とイギリスの間で衝突が起こることも多くなってきた。一七五六年、アリーヴァルディー・ハーンの孫にあたるシラージュ・ウッダウラがナワーブの位を継ぐと、イギリスとの間に抗争が起こり、シラージュはカルカッタを占拠した。

イギリスは、翌年初め、そこをとりもどしたが、両者の争いは激化し、六月にプラッシーにおいて決戦が行われた。クライブの率いるイギリス軍に対して、兵力はナワーブ軍が圧倒的であったにもかかわらず、有力貴族ミール・ジャアファルの裏切りによってナワーブ軍は敗退し、これによって、イギリスはベンガルにおけるその地位を固めることができた。イギリスは、ミール・ジャアファルをナワーブとし、彼に賠償金の支払いを求めたが、その後、彼を廃してミール・カーシムをナワーブにした。しかし、新ナワーブが意のままにならないと、再びミール・ジャアファルをナワーブにもどすなど、イギリスは傍若無人《ぼうじゃくぶじん》な振舞いをくり返した。

この当時、東インド会社の職員は、ダスタックと呼ばれる会社の自由通関権を私貿易にも乱用し、また、それを手下の御用商人に売り飛ばすなどして、ベンガルの経済は混乱した。その状態のもとで、ミール・カーシムは、イギリスの支配に不満をもつ者を結集し、アワドのナワーブ、シュジャー・ウッダウラとムガル皇帝シャー・アーラム二世（在位一七五九〜一八〇六年）とも同盟を結んで、イギリスと戦った。しかし、一七六四年にバクサールの戦いで敗れ去り、ムガル皇帝も降伏した。

翌一七六五年、クライブがイギリスのベンガル知事となったが、彼はムガル皇帝にベンガル、ビハール、オリッサの徴税権（ディーワーニー）を割譲させた。イギリスは、会社の指名する副スーバダールに司法・警察権（ニザーマット）を行使させる約束をすでにナワーブからとりつけており、ここにいわゆるベンガルの二重統治がはじまった。それは理論的には、皇帝権力のもとで、司法・警察行政にはナワーブがあたり、徴税業務にはイギリス東インド会社があたることを意味したが、実際には、イギリス人の権力のもとで、徴税をも含むすべての行政義務をインド人が負うという意味での二重統治であった。それは、イギリスによる植民地統治のはじまりを意味していた。

イギリス支配への抵抗

一八世紀中葉、南インドの東海岸と東インドのベンガル地方にイギリスの権力が確立された時、それに対抗しうる勢力は、今や、デカン西北部のマラーター諸侯、ハイダラーバードのニザーム政権、それにデカン南部のマイソール王国の三者のみとなっていた。その中で、イギリスに対して果敢に戦いを挑んだのは、マイソール王国であった。マイソールの地には、地方領主オデヤ家の勢力が確立していたが、その武将の一人、ムスリムのハイダル・アリーは、カーナティック戦争の過程で頭角を現し、一七六一年、事実上の支配者となった。王国は彼の指揮下で勢力を拡大し、イギリスはそれに対し、マラーターおよびハイダラーバードと結んで、戦いを挑み、一七六七年、第一次アングロ・マイソール戦争が起こった。しかし、イギリスはマドラスを包囲され、一七六九年、和議を結んだ。

その後、イギリスは、一七七五年にマラーターと戦争状態に入った。マラーター同盟の内部では、幼少のペーシュワー（宰相）、マーダウ・ラーオ二世を擁立する一派と、ペーシュワー、バージ・ラーオの第二子ラグナータ・ラーオの一派とが抗争をつづけていたが、イギリスは、ラグナータ・ラーオに助力してマラーターをあやつることを試みた。しかし、戦争は長引き、一七八二年、現状維持の条件で和議が成立した。この第一次マラーター戦争は、イギリスに勝利をもたらしはしなかったが、マラーターとの間に和議が成立し、マイソールに対して勢力を集中することができるようになった点で、大きな意味があった。

マイソールのハイダル・アリーとの間には、一七八〇年に再び戦争がはじまっていた。初めはマイソール側の勝利がつづいたが、マラーターとの間に和議を取りつけたイギリスは、攻勢に転じた。その最中にアリーは病没し、それを継いだ息子のティプがオデヤ家の王を廃して、自らスルタンとなってイギリスとの戦争をつづけた。しかし、この戦争も一七八四年、和議が成立した。

その後、ティプ・スルタンは、ケーララへ進出してカナヌール、カリカットを落とし、一七九〇年にイギリスとの間に三度目の戦闘がはじまった。イギリスは、巧みな外交によって、ハイダラーバード、マラーターばかりでなく、ケーララのトラヴァンコール王国をも味方につけ、ティプを包囲した。彼は苦戦を強いられ、一七九二年、領土の半分を割譲して講和した。イギリスは、その後、マラーターの内紛を利用して、一七九九年に再びマイソールへの攻撃を敢行し、王都セリンガパタム（シュリーランガパトナム）を落とした。ティプは戦死し、アリー、ティプ二代にわたってイギリスに対抗したマイソール王国は滅亡した。

ティプ・スルタンは、同時代の他のインドの王と異なって、当時の世界状況をもよく理解していた。彼は、イギリスに対抗するために、同じイスラーム教国であるアフガン、アラビア、オスマン帝国などへ使節を送り、またフランスに誕生した革命勢力とも手を結び、軍隊、行政の改革を行った。しかし、その努力も、マラーター、ハイダラーバードなどが目前の利益からイギリスに加担し、実を結ばなかった。マイソール王国の滅亡によって、イギリスは、フランスの勢力を完全に駆逐し、インドにおける覇権を確立したのである。

軍事保護同盟のトリック

イギリスは、戦役によってインド支配を拡大しただけでなく、分立する政治権力と軍事保護同盟を結ぶことによって、支配を固めていった。軍事保護同盟とは、通常その国を軍事的に保護することを名目に、イギリスが軍隊および駐在官を駐留させ、その国が費用を負担する関係をいう。被保護国は、他国との関係についてイギリスの承認なしには何の交渉も成しえず、外交権の喪失をも意味していた。また、イギリスは、しばしば内政に干渉し、巨額の軍事費を要求し、やがて条約を結んだ国は経済的に破《は》綻《たん》し、ついにはイギリスに領土を割譲せざるをえなくなることが多かった。

一八世紀末から、イギリスは、このような条約を多くの勢力と結んだが、その最初が一七九八年のハイダラーバードであった。これにより、ニザーム政権は、それまでのフランス式軍隊を放棄し、一八〇〇年には領地の割譲を余儀なくされている。

戦争に敗れたマイソールでは、オデヤ家が復活したが、一七九九年に条約を結び、領土縮小の上、イギリスの支配下に入ることになった。

一八〇一年には、アワドの王国がこの条約を結ばされ、同じ年に、カーナティックのナワーブは、ティプ・スルタンとの内通を理由に、領土を奪われた。

東インド会社の機構改革

このように、イギリスのインドに対する関係が、それまでの単なる貿易関係から、戦争の遂行、領土の支配へと変化していくにしたがって、インドおよび本国における東インド会社の地位と機構にも、大きな変化が生じることになった。その変化には、今ひとつ、イギリス自体における産業革命の進展も大きくかかわっていた。

改革へのきっかけをなしたのは、一七六五年からはじまったベンガルにおける二重統治であった。イギリスは、ベンガル、ビハール、オリッサでの徴税から巨額な利益を得て、東インド会社の配当金は、一七六六年には一〇パーセントに、翌年には一二・五パーセントへと増加した。さらに会社のイギリス人社員は、支配者としてのあらゆる特権を行使し、自由な（関税を払わない）私貿易を行い、公然と賄賂《わいろ》をとり、蓄積した巨富をイギリスへともち帰った。

イギリスでは、一七六〇年代から産業革命が進行し、自由主義経済思想の発展とあいまって、このような東インド会社の独占貿易に対する批判が高まってきた。

その結果、一七七三年、インドにおける東インド会社の活動を政府の監督下におくための法規制が行われた。それによって、総督と参事会による統治機構が定められ、ヘースティングズが初代総督となった。また、カルカッタには、ヨーロッパ人の権利を守るための最高法院も設置された。

その後、一七八四年に公布されたウィリアム・ピット（小ピット）の「インド法」によって、イギリス政府と総督の立場はさらに強化され、また、ボンベイ、マドラス両管区はベンガル管区に従属することとなった。しかし、その法では、まだ会社の独占貿易は否定されず、それが廃止されるのは、一八一三年の「東インド会社特許状法」によってであった。いずれにせよ、これらの法規制は、すべてイギリスの新しい富裕者層の利益を目的にしたものであった。

インド社会への影響

以上の過程を、インド人のほうから見れば、元来インドとは何のかかわりももっていなかったイギリス人が、彼らを支配するようになり、その富が彼らによって奪われていく過程であった。東インド会社は、ベンガルの地税収入を「投資」するという形で、インド商品を得ていたので、これによって莫大《ばくだい》なインドの富がイギリスへと「流出」した。

イギリス人によってはじめられた地税の徴収は、この富の「流出」の源泉をなしただけでなく、インド社会に大きな影響を及ぼすことになった。一七六五年の徴税権の獲得後、イギリスはしばらくは従来の機構を通じて徴税を行ったが、一七七三年に直接の徴税に踏み切った。しかし、彼らは、いったいだれからどれだけの税をとるかについての知識がまったくなく、徴税請負人の無謀な徴税によって、ベンガルの経済は混乱した。

そこで、イギリスは、調査を重ねて、一七九三年にベンガルとビハールに永代査定による徴税制度を導入した。これは、通常ザミーンダーリー制度と呼ばれることからもわかるように、この地方に見られた領主的大地主のザミーンダールを近代法的な地主と見なして、彼らに土地の所有権を与え、年によって変化のない一定の税額を定めて徴収するやり方であった。政府、ザミーンダール、耕作者の得る収穫高の比率は、全体を一〇〇として、ほぼ四五、一五、四〇に相当したといわれている。

しかし、この高額な地税にもまして大きな問題をもたらしたのは、ザミーンダールを近代法的な地主と認定することによって、実際に土地を耕作する農民たちがもっていた土地の占有権をはじめとする種々の権益が失われたことである。イギリスは、この制度によって毎年一定額の税収を確保し、またザミーンダール層を味方につけることができたが、農民たちは、既得権を失い、高額な地税の徴収に悩まされ、農村は疲弊していくことになった。

他方、地主と認定されたザミーンダールにしても、地税を滞納すれば権利は失われるわけで、これも、社会に大きな変動をもたらすことになった。イギリスによる新しい統治は、一八世紀末以降、インドの社会に重大な変質を強いることになったのである。

11　イギリス植民地支配と「インド大反乱」

植民地行政の確立

カーナティック戦争、アングロ・マイソール戦争とつづいたイギリスとフランスの争いは、最終的にイギリスの勝利で終わり、二〇世紀の初頭には、インドを支配するのはイギリスであることが確定した。それとともに、イギリスは、インドをいかに統治するかという問題に直面することになった。

その場合、まず、支配地からどのようにして何を徴税するかが大きな問題であった。一八世紀末に、イギリスは、すでにベンガル地方でザミーンダールを地主として認定し、彼らから地税をとるザミーンダーリー制と呼ばれる制度を導入したが、一八二〇年前後には、南インドのチェンナイ（現マドラス）管区と西インドのムンバイ（現ボンベイ）管区にライーヤトーワーリー制度と呼ばれる地税制度を導入した。これは、その地方に、ベンガルに見られたような広大な領地をもつザミーンダールの存在がなかったことに由来しているが、種々の試みの結果、村の中に土地をもつ個々の富有農民（ライーヤト）を地主と認定し、彼らから地税を徴収することにしたものである。地税の高は、ベンガルのように永代ではなく、何年かごとに改訂された。

さらに、イギリスは、中部インドからガンジス川、ヤムナー川流域にかけての地域に、村落や地区（マハール）を単位に、そこに存在する共同体を地主として、彼らから地税を徴収するマハールワーリー制度を導入した。

この時期は、また、一八世紀の後半に起こったイギリス産業革命の進行が、東インド会社の性格を、それまでの特権的独占貿易を遂行する商業集団から、産業の発展に資する植民地経営を行う機関へと変換させた時代であった。その動きは、一八一三年と一八三三年の二つのイギリス東インド会社の「特許状法」によってよく示されている。すなわち、一八一三年の「特許状法」は、茶の取引と中国貿易を除いて東インド会社がもっていた商業上の独占権を廃して、貿易をすべてのイギリス国民に開かれたものとし、一八三三年の法では、茶と中国貿易についての特権も廃止された。

一八三三年の法は、「インド統治法」とも呼ばれ、その後のイギリスによるインド統治の基本となった。それまでのベンガル総督はインド総督と改められ、その下に立法参事会と行政参事会が設けられ、また、マドラスとボンベイの知事も彼の下で地方行政にあたることが定められた。総督は、インドの統治について大幅な権限を与えられると同時に、イギリス政府に対して責任をもつことも明確にされ、初代のインド総督には、一八二八年以来ベンガル総督の地位にあったベンティンクが就任した。

新しい思想と社会改革

以上に述べたインド統治機構の変化は、イギリス産業資本家の意向に沿うものであったが、当時ヨーロッパでは、フランス革命の自由・平等・博愛の精神がうけ入れられ、合理主義・人道主義・進歩の確信など、新しい思想が広まりつつあった。その潮流は、インド統治の中にもち込まれ、この時期に東インド会社に勤めていた経済思想家ジェームズ・ミル、総督ベンティンクなどは、その新しい立場を代表していた。彼らは幼児婚・寡婦殉死《かふじゅんし》（サティー）・嬰児殺し《えいじ》などの「悪習」をもつインド社会を改革することに熱意を示した。サティー禁止法は、一八二九年に、ベンティンクの手によって発布されている。

そのようなインド社会の改革は、この時代、新しい立場に立つインド人自身によってもなされるようになってきた。その代表的人物は、のちにブラフマ・サマージとして知られる団体（ブラフマ・サバー）を一八二八年に設立したベンガルのバラモン、ラーム・モーハン・ローイであった。彼は、ヒンドゥー哲学とイスラーム神学に精通していただけでなく、キリスト教、新しい西洋思想にも通じ、一神教的信仰と合理主義を結合して、インド社会の改革をめざした。女性の地位向上は彼が最も努力したことの一つで、ベンティンクによるサティーの禁止も、彼の力によるところが大きかった。

一八三五年に、マコーリーの「教育に関する覚書」がだされ、それに基づいて、インド人の高等教育も推進されることになった。一八五七年には、その下にいくつかカレッジをかかえる、コルカタ、チェンナイ、ムンバイの三大学が創立された。

戦争と条約による併合

以上に見たように、一九世紀の前半は、イギリス植民地行政が確立された時期であり、またインド社会の改革にも目が向けられた時期であったが、その間なお、直接支配地の拡大をめざす戦争と併合を目的とした条約締結がつづけられた。それには、当時の国際情勢も大きな影響を及ぼしていた。

一八世紀後半のパンジャーブでは、シク教徒の武将サルダールたちが十二のミサルと呼ばれる軍団を形成して各地を統治し、ムガル朝やアフガン勢力に対抗していた。一八世紀末にミサルの一つを継いだランジート・シングは、やがて頭角を現し、ラーホールをも占領して、シク王国の統治を行った。彼は、軍隊を近代化して王国の力を強化すると同時に、巧みな外交政策によってイギリスと友好関係を保ち、独立を維持した。一八三九年に彼が死んだ時、その王国はペシャーワルからサトレジ川、カシミールからシンドにいたる領域に広がっていた。

ロシアの南下に対抗するため、イギリスは、一八三八〜四二年の間、インドからアフガニスタンへの出兵をくり返したが、この戦役（第一次アフガン戦争）は失敗に終わった。それを補うため、イギリスは、一八四三年シンド（現パキスタン東南部）へ出兵した。その地を統治していたアミール（諸侯）たちは、一八三九年にイギリスと軍事保護同盟を結んでいたにもかかわらず、シンドは併合された。イギリスは、つづけて一八四五年にパンジャーブの征服を企てた。ランジート・シング死後のパンジャーブは、武将のサルダールたちの間に争いがつづいていて、イギリスに対抗できず、一八四六年の条約で事実上その支配下におかれた。しかし、その後、一八四八年には反乱が起こると、総督ダルフージーは、再びパンジャーブを制圧し、翌年、これを併合した。

一九世紀初め、アワドの一部が英領化されると、北方で隣接するネパールのゴルカ王国との間に平野部タライ地区の領有をめぐって紛争が生じ、一八一四年にイギリスとの戦争が起こった。イギリスは、苦戦の末、一八一六年になって勝利を収め、和議が成立した。両国の関係が安定化すると、ネパールは、英国軍に多数の兵員を供給し、イギリスのインド支配を支えるようになった。

スリランカ（セイロン）には、一六世紀にポルトガルが進出し、一七世紀にはオランダがそれに代わって、西海岸を占領して貿易活動を行っていた。一七九五年にオランダに革命が起こると、翌年、イギリスは、オランダからそれを奪い、一八〇二年には東インド会社から切り離して直接の植民地とした。一八一五年には、一五世紀以来つづいていた中央山岳部のキャンディ王朝を滅ぼして内陸部を平定し、大規模なプランテーション農業（初めはコーヒー、のちに茶）を導入した。

一九世紀の初頭、ビルマ（現ミャンマー）が勢力拡大政策をとり、アッサム地方を占領してチッタゴンを脅かすと、一八二四年、イギリスは、ビルマに対して宣戦を布告した（第一次ビルマ戦争）。機動力に勝るイギリスは、下ビルマの首都プロームを落とし、一八二六年に条約を結んで、ビルマにアラーカーンとテナーセリム両地方を割譲させた。

マイソール戦争が終結し、ハイダラーバードおよびアワドがイギリスと軍事保護同盟を結ぶと、一九世紀初頭の時点でイギリスに対抗しうるインドの勢力としては、西部のマラーターとパンジャーブのシクのみが残ることになった。パンジャーブの情勢については、すでに記したが、マラーター地方でも諸侯がたがいに争い、攻められたペーシュワー（世襲宰相）は、イギリスに助けを求めるありさまであった。その結果、一八〇二年末に、イギリスは、ペーシュワーのバージ・ラーオ二世（在位一七九六〜一八一八年）と軍事保護同盟を結ぶのに成功した。

しかし、シンデー家とボーンスレー家は、イギリスに戦いを挑み、第二次マラーター戦争（一八〇三～〇五年）が勃発《ぼっぱつ》した。両家は敗れて軍事保護同盟を結ばされたが、今度はホールカル家が戦端を開いた。戦いが長期化するのを好まなかったイギリスは、総督ウェルズリを本国に召喚し、ホールカル家との間に和議を講じた。

軍事保護同盟をうけ入れたマラーターの諸勢力は、軍隊を解体させられ、その結果、失業した兵士たちがピンダーリーと呼ばれる夜盗と化して各地を荒らし回った。そのような状況下で、ペーシュワーは、一八一七年、再びイギリスを攻撃し、第三次マラーター戦争がはじまった。ボーンスレー家も立ち上がったが、他の諸侯の足並みがそろわず、イギリスは大軍を投じてこれを鎮圧した。ペーシュワーは、位を剥奪《はくだつ》されて年金受給者となり、ホールカル家も、軍事保護同盟をうけ入れた。イギリスはマラーターの面目を救うために、小さなサーターラー王国をつくってシヴァージーの末裔《まつえい》に与えたが、以後、マラーター勢力は、完全にイギリスの権威に服することになった。

総督ダルフージーは、さらに全インドをイギリスの直接統治下におくために、「失権の原則」を生みだした。これは、保護下にある王家に嗣子《しし》がない時は、養子縁組による継承を許さず、王家は断絶して英領となるというものであった。彼は、この原則をつぎつぎと適用し、サーターラー（一八四八年）、ナーグプル（一八五三年）、ジャーンシー（一八五三年）を併合した。同じ原則により、カーンプルに隠棲《いんせい》していたペー

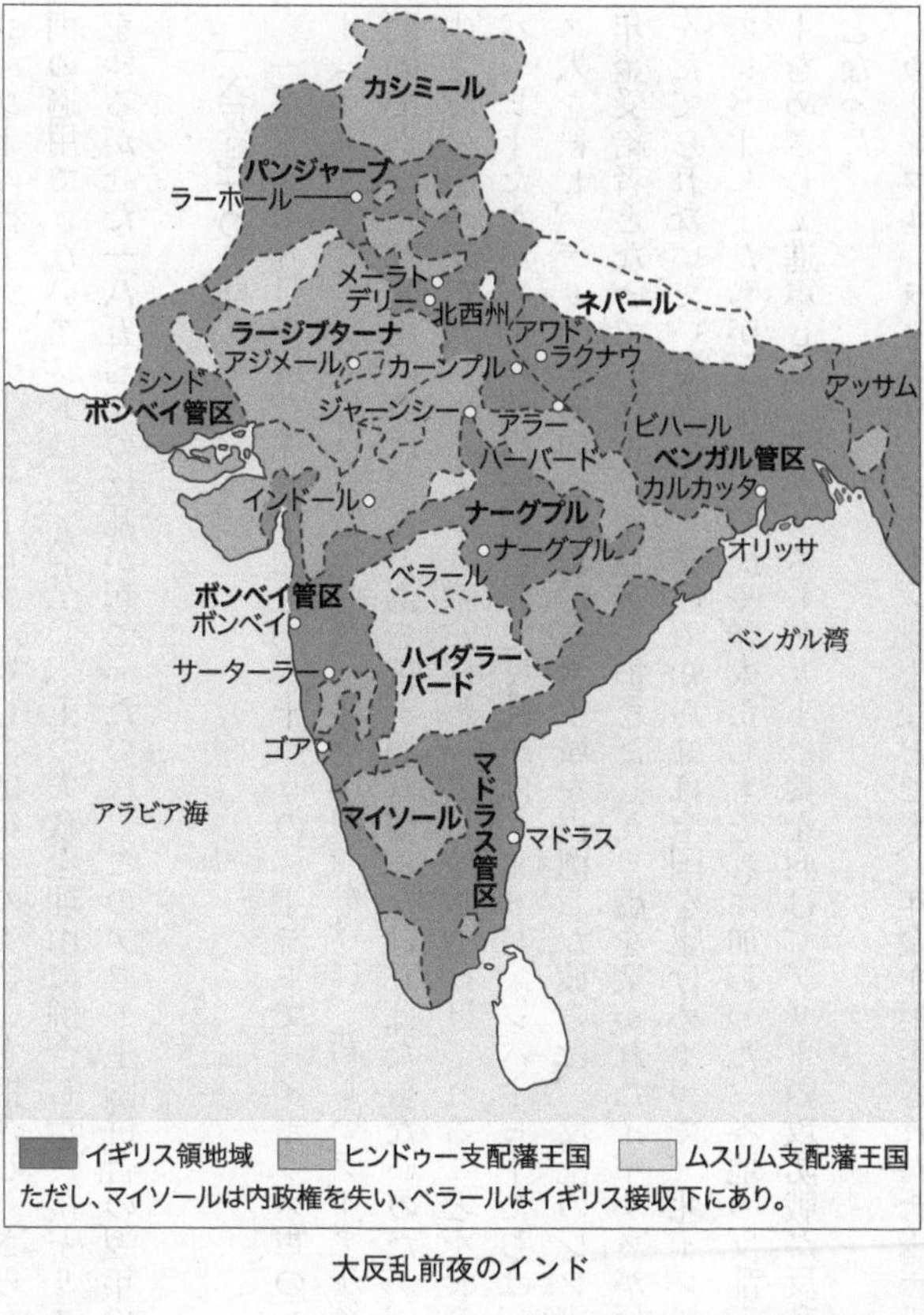
カシミール
パンジャーブ
ラーホール
メーラト
デリー
北西州
ネパール
ラージプターナ
アジメール
カーンプル
アワド
ラクナウ
シンド
ボンベイ管区
アッサム
ジャーンシー
アラー
ハーバード
ビハール
ベンガル管区
カルカッタ
インドール
ナーグプル
ナーグプル
オリッサ
ベラール
ボンベイ管区
ボンベイ
ベンガル湾
ハイダラーバード
サーターラー
ゴア
マドラス管区
アラビア海
マイソール
マドラス
イギリス領地域
ヒンドゥー支配藩王国
ムスリム支配藩王国
ただし、マイソールは内政権を失い、ベラールはイギリス接収下にあり。

大反乱前夜のインド

シュワーの養子ナーナー・サーヒブに対しては年金の支払いを拒否し、さらにこの原則の適用できないアワドは、一八五六年、王の失政を理由に併合した。イギリスの支配をゆるがせた一八五七年の反乱が起こったのは、このアワド王国併合の翌年であった。

「大反乱」の勃発

一八五七年五月十日、デリー北東約六十キロのメーラトで、イギリス軍のシパーヒー（インド人兵士）が反乱を起こした。直接のきっかけは、新しいライフル銃の薬莢《やっきょう》問題であった。使用の際に包んである紙を嚙《か》み切らなければならないのだが、そこに牛と豚の脂が塗《ぬ》られているという噂《うわさ》が伝わって、宗教的にけがれることをおそれたシパーヒーたちが、その使用を拒否して反乱がはじまった。シパーヒーたちは、イギリス人を殺し、デリーへと向かった。デリー城を占拠した彼らは、反乱のシンボルに、年金受給者となっていたムガル皇帝を担ぎだした。虚を突かれたイギリスが反撃態勢をたてられないでいるうちに、蜂起《ほうき》の知らせは全国を駆けめぐって、北インドの各地でシパーヒーたちが反乱し、農民や職人たちもそれに加わった。各地の反乱者はデリーをめざして進軍した。イギリスもデリーに兵を向け、デリーの攻防戦が反乱の焦点となった。

カーンプル、ラクナウ、ジャーンシーなどでも、年金を拒否されたナーナー・サーヒブ、併合されたアワド王国とジャーンシー王国の王妃などが担ぎだされて、イギリスに戦いを挑んだ。デリー反乱軍の指揮は、バレーリーから大軍を率いてデリーに入城したバフト・ハーンがとり、攻防戦は四か月間つづいた。しかし、インドの外からの援軍を得て次第に態勢を立て直し、近代的装備の整ったイギリス軍は、九月、ついにデリーを陥落させた。バフト・ハーンは逃れたが、ムガル皇帝は捕らえられた。

デリー落城後も、戦いは北インド、中部インドの各地で、それから一年以上もつづけられた。デリーを逃れたバフト・ハーンもアワドの各地を転戦したが、勇名をはせたのはナーナー・サーヒブの武将ターントヤ・トペーと、ジャーンシーの王妃ラクシュミー・バーイーであった。ラクシュミー・バーイーは、ジャーンシーの城を落とされて後、トペーの軍と合流してグワーリヤルの城を奪って戦いをつづけたが、ついに戦場で命を落とした。各地の戦いも、一八五八年夏までには次第に鎮圧されて、やがて反乱は終息した。

この反乱の原因については、いろいろな理由が挙げられる。一八世紀の後半以来、インドの各地はイギリスの直接統治下におかれたか、あるいは軍事保護同盟を結ばされ、一九世紀に入ってからは、同盟を結んだ王国もあいついで併合された。担ぎだされて反乱に加わったムガル皇帝、ナーナー・サーヒブ、アワドとジャーンシーの王妃たちは、そのようにして権力を奪われた旧支配者であった。

イギリスのランカシャーの綿製品の輸入が、それまでのインドからの綿布の輸出を上回るようになったのは、一九世紀初頭のことで、それによって、インド綿工業を支えてきた職人たちは、大変な打撃をうけていた。

他方、農村には王国での職を失った兵士たちがあふれ、それまで土地に対する権利を享受していた多くの階層が、イギリスの新しい地税制度の導入によってその権益を失っていた。そのような者たちが反乱軍を支援し、また、商人を中心とする新興地主や旧来の大地主を攻撃したりした。

インド人をキリスト教に改宗させようというミッショナリー（伝道者）の活動やサティー（寡婦殉死）禁止など、旧来の習慣をくつがえすイギリスの「進歩的」政策は、伝統的秩序を重んじる階層には不安であった。さらに、インド人たちは新しい行政から締めだされ、イギリス人の蔑視《べっし》の対象とされていた。

一八五七年は、それらの蓄積された不満が、アワドの併合によって、最高潮に達した時期であった。

反乱の意味とそのもたらしたもの

この反乱が、周到に計画されたものかどうかはわからないが、反乱にヴィジョンを与え、その実現に向けて行動を収斂《しゅうれん》させる指導者を欠いていたのは確かである。イギ

セポイの反乱（1857年、『ロンドン・ニュース』）

リス支配の打倒をめざしながら、そのシンボルとして担ぎだされたのが、旧体制のムガル皇帝であったこと、各地の反乱指導者間に連携が欠けていたこと、シパーヒーと反乱地の農民との間に十分な協力が生まれなかったこと、などがそれを示している。したがって、反乱者たちは力を結集することができず、イギリス軍の近代装備と旧支配者や大ザミーンダールの抱き込み政策にも対抗できず、ついに鎮圧されてしまった。

西欧化した一部の知識人たちは、イギリスの「進歩的」政策に期待していて、旧勢力と結ぶ反乱者には冷ややかであった。

ベンガル、南インド、西北インドな

どでは、反乱は起こらなかった。しかし、ムスリムもヒンドゥーも協力してイギリスに立ち向かい、インド全域ではなかったにせよ、広範な地域で、一年以上にわたって戦闘を続行した点、この反乱こそ、その後にきたるべきインド民族独立運動の第一歩であったということができる。

事の重大さに驚いたイギリスは、反乱を鎮圧しながら、その後のインド統治についてつぎつぎと新しい改革を行った。

イギリス議会は、一八五八年にインド統治改善法を通過させ、東インド会社による統治を廃止し、国王による直接統治へと改めた。それに応じて内閣にインド担当国務大臣をおき、インド参事会と呼ばれる参事会がそれを補佐することとした。統治の実際は、これまで通り総督によって行われ、総督は副王の称号をも与えられたが、そのコントロールを、イギリス政府が直接行うようにしたのであった。

一八六一年には、総督および管区知事の下におかれる参事会（行政および立法）を整備する法がつくられたが、それらの参事会は名目的なもので、インド統治の権限は、総督を通してイギリス政府がもつ体制が確立された。

このような機構上の改変とともに、イギリスは、統治政策をも大きく変換させている。これまでの王国併合政策は放棄され、イギリスは、各地の王家や大ザミーンダールなどの旧支配層を味方としてとり込み、同時にヒンドゥー教、イスラーム教などの宗教、地方やカースト間の相違など、インド社会に見られる種々の「相違」を「対立」としてあおる「分割統治」の方針をうちだした。インド社会の悪弊を改善する「進歩的」政策も放棄された。すなわち、イギリスは、この反乱をきっかけに、インドを自国の経済発展の道具としてのみ利用する政策を明確にしたのであった。

12　国民会議派の出現

植民地経営と貧困の増大

一九世紀の初めから大量に流入しはじめたイギリスの工場生産による綿製品は、インドの手工業的織物業に壊滅《かいめつ》的打撃を与え、また、新しい地税制度の施行と商品作物の導入は農村の生産構造を変化させ、伝統的な村落共同体の破壊をもたらした。

この傾向は、一九世紀の後半にスエズ運河が開通し、ヨーロッパとインドの距離が近くなると、一層拍車がかけられた。一八五九年に七百キロほどであった鉄道は、その後の四十年間で四万キロ近くにまで達した。このような急ピッチでの鉄道建設は、反乱に備える軍事目的か、さもなければ、綿花その他の輸出原料を港に運び、イギリスからもたらされる商品を消費都市に運ぶことのみを目的としていた。つまり、それは、イギリス支配の安全と、その産業資本の利益のためのものでしかなかった。

イギリスは、インドで獲得した富によって商品を買付けただけではなく、それを投資してインドにも紡績工場を建設し、また、茶、コーヒー、ジュート、インディゴ

（藍《あい》）などのプランテーション農業をも行って、大きな経済的利益を上げていた。

それだけでなく、イギリスは、戦争の費用のほか、本国でのインド関係省庁の人件費をも、インドで得た租税によってまかなった。その結果、インドの富はイギリスによって一方的に吸いとられることになったが、この関係は、ナオロージーその他のインド人研究者によって「富の流失」として把握され、大きな議論をひき起こした。プランテーションの労働力には主として部族民や不可触民がもちいられ、工場の建設も、農村にあふれる膨大な数の失業者を前にしては意味をもたなかった。伝統的手工業者は路頭に迷い、失業者の増大は、人びとの労働条件を一層劣悪なものとしていた。

イギリス人は、露骨な関税政策をはじめとするあらゆる手段をもちいて自分たちの産業を保護したので、ムンバイ地方の綿工業を唯一の例外として、この時代、インド人による産業はほとんど発展しなかった。インドの綿工業が生き残れる唯一の条件は、イギリス工場製綿布と競合しない超高級綿布か超低級綿布の生産でしかなく、その利潤は低かった。

その結果、インド人の資本は、主として土地に投下され、農村における不在地主をつくりだし、一つの土地に対して権益者が幾層にも重なって、わずかな利益を奪い合う状況が一般化した。

一八三六年以降にマラバールで頻発したムスリム農民マーピラの反乱は、殉教《じゅんきょう》という宗教的側面を見せつつも、その実、農村での土地権益をめぐる争いの激化を示すものであった。一八九九年にビハール南部ラーンチーでビルサ・ムンダが起こした暴動は、森林における権利を侵され、生活を脅かされた部族民の反乱であった。

このような状況に追討ちをかけたのは、一八六〇年代からの各地でのたび重なる飢《き》饉《きん》であった。一八七六〜七八年の大飢饉では、八百万人以上が命を落としたといわれる。それは、決して天災だけによるものではなく、高額の地税を課しながら農民を保護せず、失業者をあふれさせている植民地政策のもたらしたものであり、デカンでは、一八七五年と一八七九年に農民の暴動が起こっている。

イギリス政府による最初の小作人保護が行われるのは、一八八五年の「ベンガル借地法」においてであり、工場労働者保護の最初の立法は、一八八一年の「工場法」であった。

知識人の成長と社会改革

インドの全体がこのような貧困にあえいでいる間にも、都市の数少ない中産階級の間から、西欧の近代的理念を身につけ、インドの社会を改革していこうとする動きが現れてきた。一九世紀初頭におけるラーム・モーハン・ローイはその先駆けであったが、ローイの後を継ぎ、ブラフマ・サマージを設立して運動を推進したのはラビーンドラナート・タゴールとケーシャブ・チャンドラ・センで、彼らは、女性の解放とカーストの差別撤廃に力をそそいだ。ベンガルのバラモン僧で、修行を通じて人びとの崇敬を得たラーマクリシュナ（一八三四〜八六年）は、「あらゆる宗教の神は一つ」という教えを説いた。高弟ヴィヴェーカーナンダ（一八六三〜一九〇二年）は、その教えを広めるためにコルカタにラーマクリシュナ・ミッションを設立し、カースト制度や宗教的迷信の悪弊を説いた。

一八七五年にボンベイでアーリヤ・サマージという宗教団体を創設したダヤーナンダ・サラスワティー（一八二四〜八三年）も、ヴェーダの神々を唯一神的に解釈し、カースト差別の廃止、女性の地位改善に尽した。しかし、彼は、ヴェーダ聖典の無謬《むびゅう》性《せい》を主張し、ヒンドゥー教から他宗教への改宗に反対したので、二〇世紀における宗教対立の元をつくることになった。ブラヴァツキー夫人とオルコット大佐によって一八七五年にアメリカで設立された神智学協会は、やがてチェンナイに本部を移し、一八九三年にアイルランド人の社会活動家アニー・ベザント夫人（一八四七〜一九三三年）がやってくると、インドの宗教と社会の改革にとり組むこととなった。彼女は、会議派に参加し、自治連盟（後述）をも組織したが、バラモン階層との結びつきが強く、後継者問題で指導力を失った。

このような、いわば全インド的視点に立つ改革運動と並んで、この時期に地域的、

高弟ヴィヴェーカーナンダ

アニー・ベザント夫人

個別的なカースト地位向上運動が見られるようになっている。タミル地方では、椰子《やし》酒づくりを職業としてきたナーダルたちが、カースト協会をつくりカーストぐるみで経済的、社会的地位の向上運動にとり組んだ。その運動は、実を結び、独立後に国民会議派の総裁となったカーマラージは、ナーダルの出身であった。マハーラーシュトラでは、一八七三年にフレーが真理探求者協会をつくって、偽善的なバラモンによる支配から下位カーストを救いだす「反バラモン」運動を開始した。二〇世紀に入って、マドラス管区でも、非バラモン・カーストによるバラモンへの反発が強まってきていた。

　他方、ムスリムの間における改革の動きは、彼らの西欧化の遅れによってさほど活発ではなかったが、一九世紀後半にサイイド・アフマド・ハーン（一八一七〜九八年）によってはじめられた。彼は、近代科学とイスラームの両立をめざし、パルダー（婦女隠蔽《いんぺい》）の風習や一夫多妻制の廃止など女性の地位向上にも努め、一八七五年にはアリーガルにムスリムのためのカレッジ（現在のアリーガル・ムスリム大学）を創立した。彼は、初めはヒンドゥーとも融和を図ったが、晩年には、ムスリムの後進性を改善するにはイギリスの助けが必要と考えるようになって、ヒンドゥーと対立した。

このような宗教・社会改革運動の進展とともに、インド人の間では、政治的な不満もまた急速に高まりつつあった。それは、西欧的教養を身につけたインド人知識階級に、ふさわしい地位が与えられないことに起因していた。当時のイギリス人の中には、インド人を劣等視する者も多く、インド人は政府の高級官職からほとんど締めだされていた。唯一の登竜門であるインド文官勤務試験にイギリス人と競争して合格したスレンドラナード・バナジー（一八四八〜一九二五年）が、任官してすぐ差別をうけて追放されたことは、その象徴的なできごとであった。バナジーは、一八七六年、カルカッタに「インド人協会」を設立したが、それは、インド人知識階級によるインド人としての自覚の政治的表現であった。彼らはまた「ベンガーリー」、「アムリタ・バザール・パトリカ」などの新聞を発行して、自らの政治的主張を明らかにし、社会改革への呼びかけを行った。

一方、インド人の間では、自分たちの過去の歴史や文化を研究し、その素晴らしさに誇りをもとうとする愛国主義的な風潮もまた育ちつつあった。

その傾向は、アーリヤ・サマージ運動におけるヴェーダに帰ろうとする傾向にも見られたが、ベンガル知識人の運動にも顕著であった。一九一三年にノーベル文学賞をうけた詩人ラビンドラナート・タゴールの祖父は大商人で、父はブラフマ・サマージ運動を推進した宗教家であったが、文人を輩出したタゴール家は、当時のベンガル知識人のサロンとして、文芸復興運動の推進に中心的役割を果たした。

一八五七年の「大反乱」以降、イギリスは、従来はその勢力を殺《そ》ごうとした藩王やザミーンダールのような大地主を味方につけ、インド人知識階級の民族主義的動きを徹底的に封じ込めようとした。

すなわち、人びとが飢饉に苦しむ中、一八七七年にデリーで行われたイギリス女王をインド皇帝と宣言する儀式（ダルバール）には、きらびやかに着飾った各地の藩王やザミーンダールたちを招き、その一方で、インド文官勤務試験の受験資格年齢上限の引き下げ（一八七六年）に対して反対の世論が高まると、一八七八年には「現地諸語出版規制法」を発布して批判を封じた。インド人に武器所有を禁じる同年の「武器取締法」もまた、その政策の一環であった。

「インド国民会議」の開催

このような時に起こったのが「イルバート法案」問題であった。法案は、インド人の地方裁判所判事が刑法上の罪でヨーロッパ人を裁くことを可能にするためのものであったが、これが上程（一八八三年）されると、イギリス人の間から猛烈な反対が起こり、政府は、結局この法案を骨抜きにしてしまった。それに憤ったバナジーらは、同年暮れカルカッタに「全インド国民協議会」を招集し、多勢のインド人が参加した。

これに遅れること二年、一八八五年には、イギリス人退職官僚ヒュームの提案によって、ボンベイで「インド国民会議」が開催された。この第一回の会議は出席者七十二名という小規模なものであったが、翌一八八六年にカルカッタで開かれた第二回大会には「全インド国民協議会」も合流し、ナオロージー（一八二五～一九一七年）の指揮下に四百三十六名が参加した。彼らは、インド人による代議制機関の設立と、インド人の官職登用の拡大を求めた。

そもそも、ヒュームの提案には、この会議を、高まりつつある危険な民族主義的動きを先取りし、それを暴走させないための「安全弁」にしようとする意図が存在した。しかし、この会議の成功は、それまでにおけるカルカッタ、プネー、ボンベイ、マドラスなどでのインド人による自覚的な政治・社会改革運動の展開によるものであり、それを「安全弁」にしようとしたヒュームの思惑を超えて成長した。それは、インド民族独立運動の本流をほとばしらせることになったのである。

「インド国民会議」の要求を無視することのできなくなったイギリスは、一八九二年に「インド参事会法」を通過させた。これは、参事会へのインド人代表の選出を認めるものではあったが、数が制限され、彼らに予算の審議はさせるものの投票権を与えないなど、数々の留保がつけられていた。

このようなイギリスの対応に、「インド国民会議」への参加者の中には、イギリス人の善意に期待する「物乞《ご》い」ではなく、要求を突きつけてそれを戦いとっていかなければならないとする「過激派」が出現した。ボンベイ政府は、機関紙「ケーサリー」によってイギリス政府を激しく非難したマハーラーシュトラの過激派ティラクら数名を投獄した。

ティラク（一八四四〜一九二〇年）は、民族独立運動を推進するために、ヒンドゥー教徒の宗教感情や地域的愛国心に訴える戦略をとり、ガナパティ祭りやシヴァージー祭りを組織した。これは、社会改革をめざして行われてきた宗教的復古主義、とくにアーリヤ・サマージの運動と接点をつくりだし、それまでも折りにふれて見られたヒンドゥー・ムスリムの対立に、新しい政治的意味を与えることになった。世紀末に向けて、インドの政治と社会には、新しい大きなうねりが見られつつあった。

ベンガル分割をめぐる動き

二〇世紀に入っても、イギリスは、過激派に対しては強い弾圧でのぞんだが、一九〇四年にアジアの小国日本が西洋の大国ロシアを破ったことは、過激派をも穏健派をも、インドの独立を望むすべての人びとを鼓舞するものであった。それによって、会議派の運動は一層の高まりを見せるようになったが、そこに起こったのが、カーゾン総督による一九〇五年の「ベンガル分割」であった。

ビハール、オリッサ、アッサムをも含むベンガル州は、行政的にあまりにも大きすぎるというのが分割の理由であったが、その分割線がベンガルの中心部を縦断し、ムスリム多住地区とヒンドゥー多住地区を分かつ線に合致していた。

その結果、新しくつくられる東部の東ベンガル・アッサム州では、ムスリムが多数者となり、西部のベンガル本州では、独立運動に熱中するベンガル人が少数者となってしまい、ベンガルに宗教的、言語・民族的対立をもち込んで、民族運動を抑え込もうとするイギリスの意図は、誰の目にも明らかであった。

会議派は、直ちにイギリス製品のボイコットとスワデーシ（国産品愛用）を決め、穏健派も過激派も一斉に反対運動をくり広げた。カルカッタの通りには母なる祖国に敬意を表する「バンデー・マータラム」の歌声がこだました。イギリスは「集会取締条例」を発布するなどして弾圧を強化した。

全インド・ムスリム連盟

この時期(一九〇六年)に、イスラーム教徒の政治組織「全インド・ムスリム連盟」が創設されたことにも、少数派としてのムスリムを保護し、民族運動を分裂させようとするイギリスの意図が隠されていた。ムスリムたちは、東ベンガルにおいて自分たちが有利になるこの分割を支持していた。イギリスの露骨な弾圧を前にして、会議派の中には亀裂《きれつ》が生じ、過激派は会議派を離脱し、末端では次第にテロに走るようになった。

一九〇九年、モーリー・ミントー改革と通称される「インド参事会法」がだされたが、それは、このような状況に対する一つの融和策であった。ただしそれは、中央・地方両参事会の選挙で選ばれるメンバーの数を増やしたが、彼らに実際の権限を与えなかったばかりか、ムスリムを別個に選出する規定を設けていた。この別個の選出は、その後のコミュナリズム(宗教対立)の発展につながるものであった。

つづけて、イギリスは、一九一一年のジョージ五世のインド訪問に際して、ベンガル分割の撤回と首都のカルカッタからデリーへの遷都を発表した。それによって、従来の二州の代わりに、アッサム、ベンガル、ビハール・オリッサの三州がおかれることになった。なお、新都ニュー・デリーが完成したのは、二十年後の一九三一年のことであった。

このベンガル分割の撤回は、ムスリムに衝撃を与え、彼らをその後の時期に汎《はん》イスラーム主義へと向かわせることになった。国民会議派の運動に新たな展開は見られなかったが、テロリズムがカルカッタを中心に広まった。その時に起こったのが、一九一四年の第一次世界大戦で、インドは、直ちに参戦を強いられた。テロリストは絶好の機会と戦争を歓迎し、会議派の大多数は、戦争への協力が戦争終結後に独立をもたらすという期待から、戦争を支持した。

13　ガンディーの登場

戦争への協力と弾圧法

一九一四年、第一次世界大戦が勃発《ぼっぱつ》すると、インドは、直ちに参戦を強いられた。イギリスへの協力が、戦争が終わった時に「自治」をもたらしてくれるという期待から、インドの世論はそれをうけ入れた。

しかし、前線に送られたインド人兵士が命を落とし、戦争が長引いて物価が上昇し、戦費調達のための税負担の増大などが見られると、世論は再び反英へと硬化した。過激派も会議派に復帰し、ティラクは「自治連盟」を結成して、戦後における自治獲得をめざして運動をリードした。チェンナイの神智学協会を中心にインド社会の改革に乗りだしていたアニー・ベザントも同名の組織をつくり、ともに会議派との連携のもとに活動をつづけた。しかし、「自治連盟」の活動は、一九一九年の新しい「インド統治法」の発布とともに終息し、会議派の日常活動の中にひき継がれることになった。「ベンガル分割令」の撤回とイギリスによるイスラーム教国トルコへの攻撃は、それまでイギリスへの期待を抱いてきたムスリムに動揺を与え、ムスリム連盟の中には、ジンナーのような若手の指導者も台頭してきていた。そのような状況下で、会議派とムスリム連盟の間に協力の機運が高まり、一九一六年、ともに民族運動を戦うための協定（ラクナウ協定）が成立した。

そのように、インドの世論は、大戦が終わった時に自治の与えられることを期待していたにもかかわらず、その期待は、みごとに裏切られた。

一九一八年にイギリスが提示した「統治機構改革案」は、自治とはほど遠く、翌年に「インド統治法」として成立する「モンタギュー・チェムズファド報告」であった。この案の眼目は、地方統治については移管事項を設けて、保健衛生などいくつかの事項をインド人中心の州立法参事会に任せるようにしたことであったが、州知事と行政参事会の権限に属する保留事項も多く、地方自治は不完全なもので、かつまた、軍事・外交などの重要事項は、総督を中心とした中央政府がにぎっていた。さらに、州知事や総督が拒否権をもつなど、結局、インド人には何の権限も与えられないという仕組みになっていた。

つづけて、それと抱き合わせのようにだされた「ローラット法」は、戦時中の弾圧にもちいられた時限の治安立法をひき継ぐもので、インド人の市民権を大幅に制限するものとして、人びとの憤激をかった。さらに、戦時中、綿業、ジュート産業などを中心とするインドの産業は、イギリス資本に圧迫されない条件と好景気のもとでかなりの発展を見るが、戦争の終結によってそれも終わり、失業者の増大と農産物価格の下落は、深刻な事態をひき起こしていた。

ガンディーの登場

そのようにして、人びとの不満が一気に高まったその時期に登場したのが、マハートマ・ガンディーであった。

彼は、長らく南アフリカでインド移民の権利を保護する活動に従事していたが、いちおうの成功を得て、一九一五年にインドにもどった。帰国後は会議派と行動をともにしながら、一九一七年、ビハール地方（チャンパーラン）の農民とイギリス人地主の間に起こった藍《あい》産をめぐる争議の解決を皮切りに、つぎつぎと争議を解決して頭角を現した。アフマダーバードに設立したアーシュラム（道場）が、彼の活動の中心であった。

彼の運動の特徴は、南アフリカでの経験から生みだされた非暴力の非協力闘争で、それは、暴力を使わずに断固反対をして服従せず、相手に自分の非をさとらせるというものであった。彼は、それに真理の保持を意味する「サティヤーグラハ」という名称を与えていた。一九一九年に彼が指導して「ローラット法」撤回のために行った全インド的規模でのハルタール（罷業《ひぎょう》）も、その運動の一つであったが、各地で大成功を収め、それによって反英運動は盛り上がった。

そこに起こったのが、ダイヤー将軍による「アムリトサルの大虐殺」であった。休日に公園に集まっていた老若男女の大勢の市民に向けて軍隊が一斉射撃を行い、三百七十九人（会議派の集計では千人）が命を落とした惨事で、パンジャーブには直ちに軍政がしかれ、インドの世論は憤激にわき返った。詩人タゴールは、ノーベル文学賞受賞に際してイギリスから与えられていたナイトの称号を返還して、抗議の意思を表明した。

ノーベル文学賞を獲得した詩人タゴール
（提供：時事通信社）

一九二〇年、イギリスの対トルコ政策に憤って、インドのムスリムは、カリフ擁護のキラーファト運動を展開した。ガンディーと会議派は、これを支持し、ヒンドゥー・ム

マハトマ・ガンディー（提供：時事通信社）

スリム間には一層の協力関係が生みだされた。同じ一九二〇年、会議派はガンディーの指導のもとに大衆政党となるべく組織の建て直しを行い、地方での活動を強化した。このようにして、ガンディーの指導する非協力運動は、一九二〇年から二一年にかけて、インド全土での大きな高まりとなって政府を脅かした。南インドのアーンドラ地方でも、税不払い運動が展開された。

　しかし、そのような運動の高まりの中で、挑発をうけたデモ隊が逆に警官を襲って焼き殺すという「チャウリー・チャウラー事件」（連合州、一九二二年）が起こると、ガンディーは一切の非協力運動を停止させてしまった。獄中で中止の知らせを聞いたジャワハルラール・ネルーをはじめとする指導者たちは、失望し憤激したが、ガンディーは、サティヤーグラハ運動を推進していくためには、まだ人びとの心の準備ができていなかったとして、カーディと呼ばれる手織り木綿の生産や不可触民《ふかしょくみん》差別の撤廃など、「建設的プログラム」と彼が名づけた社会改革運動に専念することを宣言した。

イギリスは、ガンディーをも逮捕して六年の禁錮《きんこ》刑に処し、盛り上がった民族運動は急速に力を失った。それが再び大きな力をもつのは、一九三〇年になってであるが、その間にも、インドは、きたるべき社会への模索をつづけていたのである。

きたるべき社会への模索

一九一七年のロシア革命は、思想的にインドにも大きな影響を与えたが、第一次世界大戦中の産業の発展は、労働問題を全面に押しだした。一九二〇年には、全インド労働組合会議が結成され、ストライキも頻繁《ひんぱん》に行われるようになった。一九二五年には、インド共産党が創立され、階級的視点からの闘争が行われるようになったが、新興ブルジョワジーが遂行する独立運動と、搾取《さくしゅ》される労働者・農民による階級闘争のどちらを支援するかが、その後の大きな問題となった。

インドの外では、ベンガル出身の共産主義者M・N・ローイが、コミンテルンでレーニンと論争をくり広げるなどして活躍した。他方、会議派の中には、ガンディーの推進する建設的プログラムにあきたらず、政権の中に入って、中からそれをくつがえそうとする一派（変革派）も現れ、一九二三年の選挙ではかなりの議席を獲得した。

このように、政治の多極化が進行する中で、ヒンドゥー・マハーサバーのようなヒンドゥー至上主義の団体が力を得て、一九二五年にはヒンドゥー教を守るための民族奉仕団（RSS）も結成された。他方、ムスリムのほうでも、一九二四年のトルコ自体におけるカリフ制廃止によってキラーファト運動が意味を失った。その結果、ヒンドゥーとムスリムの協力関係にはひびが入り、コミュナル（宗教対立）な騒動が多発するようになってきた。騒動の多くは、イスラーム教の祭りに際してムスリムが牛を殺すことをヒンドゥー教徒が非難し、ヒンドゥー教の祭りの際、楽隊が祈りの邪魔をしたとしてムスリムが非難するといったことからはじまった。

一九一〇年代、一九二〇年代には、さらに、カーストに関連する運動や抗争が各地で見られるようになった。それはすでに見たような個別カーストの結束を図るカースト協会の設立のほか、カースト間の抗争、あるいはカースト制度を否定する反カースト運動などである。しかし、それらの運動は、全体として一つのまとまりをもつものではなく、地方の状況によって大きく異なっていた。

マドラスでは、二〇世紀の初頭から、バラモン・カーストの社会的優位とその支配に対抗する非バラモン有力カーストの動きが顕著になり、一九一六年、正義党が結成された。彼らは今のままで独立すれば、イギリスの支配がバラモンの支配に代わるだけだとして、イギリスの力を借りてバラモンに対抗すべく、親英的な立場をとった。ケーララの漁民カースト、イーリャワ出身の宗教者シュリー・ナーラーヤナ・グルは、

「一つの神、一つのカースト」と説いてカーストの差別に反対し、マハーラーシュトラの不可触民カースト、マハール出身の法律家アンベードカルは、マハールたちを指導して、カースト否定の運動を起こしていた。

塩の行進と一九三五年インド統治法

一九二七年ころから、会議派の中では、スバス・チャンドラ・ボースやジャワハルラール・ネルーに代表される若手の左派が力を得て、学生、農民、女性などとも連携をもつようになってきた。この時にイギリスがインドの憲政改革を進めるためのサイモン委員会を任命したことは、大きな反響を呼び起こした。肝心の委員に一人のインド人も含まれていなかったからである。会議派はサイモン委員会ボイコットを決め、ムスリム連盟もこれに同調した。一九二八年の委員会のインド訪問に際しては、ハルタールと黒旗によるデモが組織され、ムンバイの町には「サイモン帰れ」の叫びが鳴りひびいた。この年の会議派大会には、ガンディーが復帰した。

イギリスに要求する自治の内容については、インドの中が必ずしも一致したわけではなく、コミュナルな対立や藩王たちの反対が見られはしたが、イギリスの煮え切らない態度と強硬な弾圧に対して、インドの世論は再び燃え上がった。一九二九年の会議派大会では、ついにプールナ・スワラージ（完全独立）の要求が決議され、一九三〇年一月二十六日が最初の独立記念日として、新しい三色旗が掲げられた。街には「革命万歳」の声がひびいたが、この新展開の裏には、世界大恐慌によって農産物価格が暴落したことに苦しむ農民の突きあげが存在したのである。

ガンディーは、人びとの要請に応《こた》えて第二次サティヤーグラハ運動を組織することとなったが、この時に編みだした戦法が「塩の行進」であった。根拠地としていたアフマダーバードのアーシュラム（修道場）から二十四日をかけて歩いてムンバイの北のダンディーの海岸に行き、インド人の製塩を禁止する「塩税法」を破って塩をつくるというものであったが、このやり方は、イギリス人の意表をつき、インド民衆の間に熱狂的支持を生みだした。ガンディーは逮捕され、会議派は非合法化されたが、人びとは警棒をもおそれず、各地の海岸でわれもわれもと塩をつくりだしたのであった。

この塩の行進によって、不服従運動が大きな高まりを見せると、イギリスは、弾圧をつづけながらロンドンにインド人の代表を招いて円卓会議を開き、会議派不在のまま、インドの自治について形ばかりの話し合いを行った。その後、会議派との和解が行われ、翌年の第二回の会議には、釈放されたガンディーが会議派を代表して出席した。しかし、イギリスは、ムスリム連盟、被抑圧階級（不可触民）、藩王などの後押しをして、ガンディーを孤立させ、その結果、彼は手ぶらでインドにもどらざるをえなかった。

塩の行進（提供：時事通信社）

イギリスは、再び会議派を非合法化した上で、いま一度会議を開き、その結果を踏まえた形で、一九三五年に新しい「インド統治法」を発布した。この法の特徴は、英領インドの諸州と藩王国を合体した連邦制の採用と、州におけるいちおうの責任自治制の導入にあった。連邦制については、連邦議会における藩王国の役割が不当に重くされていたにもかかわらず、実際には藩王国の不参加によって議会は開催されなかった。地方自治については、確かにこれまでのような部分的自治ではなく、州議会議員の組織する内閣がすべてに責任をもつ形での全面的自治が導入されていた。しかし、イギリスが任命する州知事に大きな権限が与えられていて、実際には自治は大きく制限されていた。中央では議会の審議できる事項は限定され、外交・国防はその権限から外されていた。また、審議できる事項についても、州の場合と同様に、イギリス政府の任命する総督が特権を行使できるとされていた。結局、この制度もまた、インド人には何もできない仕組みになっていたのである。

会議派は、完全な失望を表明したが、この法の欺瞞《ぎまん》性を明らかにする目的で、一九三七年の地方選挙には参加した。ムスリムに割り当てられた議席は別として、会議派は各地で大勝利をあげ、その結果、新統治法のもとに発足した十一州のうち七州で会議派の政権が誕生した。会議派は、ここからの二年間、実際統治の経験を積むことによって、大きく成長した。

しかし、その間に権力から締めだされたムスリム連盟との確執もまた増大した。ジンナーが大きな力をもつようになったのは、このころからで、ヒンドゥーに対する警戒心をつのらせていた。

この時期には、農民の政治参加もはじまって、一九三六年に全インド農民組合が組織されたが、会議派のほうでも、若いジャワハルラール・ネルーとスバス・チャンドラ・ボースがつづけて大会議長を務めるなど、左派が主流を占めていた。一九三七年には、J・P・ナーラーヤンらによって会議派社会党が結成された。

一方、新興民族資本と結び地主階層の支援をうける右派とガンディーは、この傾向に歯止めをかけようとして、会議派は分裂の危機に見舞われた。そこに起こったのが、第二次世界大戦であった。

14　分離と独立

第二次世界大戦と「インドから出て行け」運動

一九三九年九月、イギリスがドイツと戦端を開くと、インドは、またもや参戦させられることになった。会議派は、ファシストを相手に民主主義を守る戦争に同情は寄せたものの、隷属させられた者がそれに協力するためには、まず隷属から解放されなければならないとして、即刻の自治を要求した。ムスリム連盟も、自分たちをインドにおけるムスリムを代表する唯一の団体と認めよなどの条件をもちだした。イギリスは、それに同意せず、インド人部隊の出兵を強行した。直ちに会議派は、政権をうち立てていた七つの州で総辞職を断行し、サティヤーグラハ（真理の保持）運動の開始を決定した。ムスリム連盟は、翌年、ラーホールの大会で、ムスリムを一民族として独立させるパキスタン案を決議した。二年前に没した詩人イクバールがかつてその構想をうちだした時には、夢物語と考えられていたものであった。

会議派は、ガンディーの指導のもとに、個人が反戦演説を行う個人的サティヤーグラハを開始し、ヴィノバ・バーヴェーが最初の演説を行った。イギリスは、つぎつぎと演説者を逮捕していったが、一九四一年、ドイツがソヴィエトを攻撃し、日本がアメリカと戦端を開くと、事態は大きく変わることとなった。日本がシンガポールを陥落させ、ビルマ（現ミャンマー）を占領すると（一九四二年三月）、インドは、戦争の直接の危機にさらされることになったのである。イギリスは、何とかインドの協力をとりつけようと、労働党のクリップスを特使としてインドに派遣した。彼は、会議派およびムスリム連盟との話し合いをつづけたが、即刻の独立を求めるインドとインドに協力だけを強要する本国政府との溝は大きく、交渉は決裂した。

一九四二年八月、会議派は、ついに「インドから出て行け」という決議を採択し、大規模な非暴力不服従運動を展開した。しかし、ガンディーをはじめとする会議派の上層部は即刻逮捕され、指導者を失った大衆運動は暴走した。送電線が切断され、警察署が襲われるなど、インド全土で、一八五七年の大反乱以来という騒乱状態が出現した。イギリスは、軍隊を投入して、これを鎮圧した。

一方、過激な言動により逮捕され、保釈中であったチャンドラ・ボースは、一九四一年にインドを脱出してドイツに渡った。彼は、その後、日本と手を結んで外からインドを解放すべく、シンガポールで自由インド仮政府を樹立した。その地で組織されたインド国民軍を率いて日本軍とともにインドをめざしたが、一九四四年のインパール作戦における敗退によって、もくろみは失敗した。この時期、日本軍攻撃の脅威にさらされたイギリスがアッサムでとった焦土作戦のせいもあって、ベンガル地方には大飢饉《だいききん》が発生し、三百万人以上の人が命を落としたといわれる。

一九四五年、ヨーロッパでの戦争が終わると、会議派の指導者たちも釈放され、日本の敗戦とともに新しい局面が展開した。東南アジアでの独立運動を弾圧するためにインド人部隊が派遣され、それへの反対が強まった時に、インド国民軍の裁判がはじまった。イギリスに敵対したにせよ、インド人にすれば祖国のために戦った英雄であるインド国民軍将兵を裁くとは何ごとかと、インドの世論は憤激でわき返った。また一九四六年二月には、ムンバイで、人種的差別への抗議に端を発するインド海軍水兵の反乱も起こった。第二次世界大戦中、インドでは軍事物資生産のために重工業も急速に発展したこともあって、人びとの意気は上がり、アメリカをはじめとする国際世論も、独立を求めるインドを支持した。

戦争で疲弊したイギリスには、もはやこのような状態にある植民地を維持していくことは不可能で、労働党が政権をとったイギリスの問題は、どのようにしてインドを手放すかにしぼられた。それとともに現実の大きな問題となったのは、会議派、ムスリム連盟、藩王国など立場を異にするいくつかの勢力に分かれてしまったインドが、どう一つにまとまることができるかであった。

分離と独立

一九四六年三月、イギリスは、内閣使節団を派遣して折衝を開始した。問題は、パキスタンの分離独立を主張するムスリム連盟と統一インドとしての独立をめざす会議派との対立で、使節団は、妥協的構想を提案したものの、両者とも合意するにはいたらなかった。ムスリム連盟を率いるジンナーは、八月十六日をパキスタン独立に向けての直接行動の日とし、それをきっかけにコルカタを中心に未曾有《みぞう》のコミュナル（宗教対立）騒擾《そうじょう》がはじまった。九月には、構想をうけ入れた会議派のネルーが首班となって暫定内閣がつくられ、のちに、ムスリム連盟もそれに加わったものの、憲法制定議会の開催をめぐって、会議派と連盟は再び決裂した。

十二月、憲法制定議会は、ムスリム連盟不参加のままはじまったが、一九四七年二月、イギリスは、ついに一方的に一九四八年六月までに権力移譲を行うことを宣言し、総督を更迭《こうてつ》して新たにマウントバトンを任命した。マウントバトンは、ガンディー、ジンナー、アーザード（会議派ムスリム）ほかと会談をくり返したが、一九四七年六月、「インドとパキスタンに分離しての独立止むなし」の結論に到達した。権力移譲の時期は、同年八月に早められた。

一九四七年八月十四日、ムスリム人口が多数を占める北西部と東ベンガルを新しい領土としてパキスタンが独立し、八月十五日、残りの英領地区と多くの藩王国を統合してインドが独立を達成した。パキスタンはジンナーに、インドはネルーによって率いられていた。大小五百六十二に上る藩王国の帰属は藩王国自体に任されたが、帰属に問題が生じた、ジュナガル、ハイダラーバード、カシミールの三王国のうち、前二者は、その後、インドの武力行使によって統合され（それぞれ一九四七年十一月、一九四八年九月）、カシミールはインド・パキスタン双方の争いの的となって両国の武力衝突をもたらした。一九四九年一月に国連の調停による停戦は実現したが、カシミールをめぐる両国の争いは今日に及んでいる。

一方、独立を間近にしてコミュナルな騒動が強まってから、ガンディーは、衝突のつづくベンガルとビハールの地で寝食を忘れてその沈静に努力し、インド独立の式典にも参加しなかった。しかし、ムスリムとの融和を説くその立場が、逆にヒンドゥー至上主義者たちの反発をかい、一九四八年一月に、デリーで、RSSに所属する狂信的ヒンドゥー教徒に暗殺された。ガンディーの努力にもかかわらず、この分離独立の過程では、それぞれの地域に移動するヒンドゥー、シク、イスラム教徒の間で、多くの血が流された。独立の年の冬までに千五百万人が移動し、五十万に上る人命が失われたという。この分離にまつわる悲劇は、インド、パキスタン両国の戦後文学に一つの重要なジャンルを提供することになった。

独立インドの国づくり

独立を達成したインドにとって最初の重要な課題となった憲法は、共和国初代の法務大臣で、不可触民出身のアンベードカルが委員長となって起草し、一九五〇年一月から施行された。それによって、インドは、中央政府と州政府による連邦制をとる主権民主共和国となり、そこでは、戦後の新しい風潮のもとで自由平等に基づく人権が尊重され、不可触民制は廃止された。カーストによる差別も禁止された。しかし、他方では、それまでのイギリスによる「インド統治法」をひき継ぎ、大統領と州知事に大きな権限が与えられていた。藩王国は、その特権を失い、州を構成することになった。首相の任命権をもつ大統領には、憲法制定議会の議長を務めたプラサードが就任した。

一九五一年から一九五二年にかけて、中央と州の両方で、第一回の総選挙が行われたが、結果は、国民会議派の圧勝に終わった。社会主義を唱える会議派の基盤は、実際には地主層を中心とした地方の有力農業カーストと新興のブルジョワ資本家階層であり、その政策は、彼らの利益に合致するものであった。そして何よりも、まだこの時期には、会議派こそがインドの独立をもたらしたという理解と独立達成の喜びが国中に満ちあふれていた。圧迫される下層民の問題をとりあげ、ケーララ州に共産党政

ネルー（右）と周恩来（提供：時事通信社）

権が出現するのは、一九五七年の第二回総選挙においてであった。

外交面では、一九五〇年代を通じて初代首相ネルーが活躍し、周恩来《しゅうおんらい》、スカルノ、ナセルといったアジア・アフリカの新しい指導者とともに、積極的な非同盟外交を展開した。パキスタン、中国との間には国境問題を抱えていたが、いち早く中国と友好関係を結んで平和五原則を唱え、その両者を巧みに牽制《けんせい》した。アメリカ、ソ連に対しては、ともに等距離を保って自主性を維持していた。この立場が崩れるのは、中印国境紛争の起こる一九六〇年代のことである。

経済面では、戦争中に工業の発展も見られ、戦後のインドは、イギリスに対する債権国へと変貌《へんぼう》していた。しかし、長い植民地統治によってその経済構造はゆがめられていた。そのような状態で四億の人口を抱え、農村秩序をも破壊されたインドの経済を発展に導くという難事は、五か年計画によって推進されることとなった。

産業は、公共部門と民間部門に分けられ、公共部門に重点がおかれたが、一九五一年にはじまった第一次五か年計画では、農業生産の向上と運輸・発電部門の強化を図った。農作にも恵まれ、一九五〇年代初めのインドは、計画の目標を達成し、新しい経済発展に向けて順調な滑りだしを見せていた。しかし、一九五〇年代後半には外貨事情が悪化し、一九五六年からの第二次五か年計画では、赤字財政と外国援助に頼りながら、社会主義型社会の建設を目標に、重工業化を推進した。

パキスタン・スリランカほかの諸国

インド亜大陸の東西二つの地域に分断されながらも、イスラーム教を統一原理に一つの国家として独立を迎えたパキスタンは、国家元首としての総督となったジンナーが一九四八年に死に、つづいて一九五一年、首相としてジンナーを助けてきたリヤーカト・アリー・ハーンが暗殺された。独立後、ムスリム連盟はいくつかに分裂していたが、ジンナー・リヤーカト体制の崩壊は政局を混乱に陥れた。一九五一年から一九五四年にかけて州議会選挙が行われたが、東ベンガルでは、ベンガルの自治を要求する野党連合の統一戦線が圧勝した。

憲法が制定されたのは、一九五六年のことで、それによってパキスタンは、東西パキスタン二州の連邦制をとるイスラーム共和国とされ、一院制の国民議会が設けられた。しかし、国家元首としての大統領に強大な権力が与えられていた。この憲法下での選挙は、一九五七年に行われる予定であったが、延期され、一九五八年にミルザー大統領によって憲法が廃止されてしまった。大統領は、議会を解散し、戒厳令をしいたが、戒厳令総司令官に任じられたアユーブ・ハーンが、クーデタによって大統領となり、軍事政権を樹立した。

パキスタンの経済再建は、一九五五年の第一次五か年計画によってはじめられたが、そこではインドと異なって民間資本優先の政策がとられた。一九五〇年代に、大土地所有を規制し、小作人を保護する立法も行われたが、規制はゆるやかで、実際には、ヒンドゥー教徒の所有していた土地を、地主・富農層に再分配するためのものでしかなかった。

一八〇二年以来、インドとは別個の英領植民地であったセイロン（スリランカ）では、一九三一年のいわゆる「ダナモア憲法」によって普通選挙（二十一歳以上の男女）に基づく国家評議会が設置され、部分的な自治が行われていた。それより以前、インドの影響で、セイロンでも、セイロン国民会議派が形成されていたが、インドと異なったのは、独立運動の大衆化が見られなかった点である。一九三〇年代後半から左派の急進仏教僧による政治参加は見られたものの、独立運動は、全体として社会的、経済的上層エリートによる請願運動にとどまった。

一九四八年二月四日の独立は、したがって、インド、ビルマ（現ミャンマー）を含むイギリスの南アジア植民地全体の状況変化によって与えられたものという意味合いが強く、その独立も、英連邦内の自治領としてのものであった。独立後の政権は、それ以前の政治をリードし、統一国民党を率いるセーナーナーヤカが担当した。その後、一九五一年に彼と袂《たもと》を分かちスリランカ自由党を創設したバンダーラナーヤカ（バンダラナイケ）が、一九五六年の選挙で勝って政権の座についた。彼は、「シンハラ・オンリー政策」の名のもとに、シンハラ語を唯一の公用語とし、仏教に特別の地位を与えるシンハラ民族主義を旗印に選挙を戦い、勝利を得たのであった。しかし、その政策は、タミル語を話し、ヒンドゥー教徒であるタミル民族をスケープ・ゴート化した点で、その後の民族紛争の原因をつくるものであった。

スリランカの人口の七五パーセント近くを占めるシンハラ人は、アーリヤ系のシンハラ語を話し、大部分が仏教徒であり、二〇パーセント近い人口をもつタミル人は、ドラヴィダ系のタミル語を話し、大部分がヒンドゥー教徒である。したがって、両者の間に対立がまったくなかったわけではないが、一九五六年以前のスリランカでは、社会の分断は別のところに存在した。すなわち、早くから植民地支配の波にもまれ、商業と漁業を基盤に発展した「低地」と、農業が基盤で発展からとり残された「高地」との間の対立が、大きな問題となっていた。タミル人の多くは沿岸部のシンハラ人とともに低地に住み、高地の住民は、タミル人プランテーション労働者を除けば、農業を営むシンハラ仏教徒であった。バンダーラナーヤカは、経済発展からとり残されて不満をもつこの高地シンハラ仏教徒に焦点をあてて運動を展開したのであった。

独立を保持してきたネパールでは、ゴルカ王朝の支配のもとに、一八四六年からはラナ一族の専制がつづいていた。一九三〇年代には、それに対する反ラナ運動が組織され、一九五〇年に、ネパール会議派が結成された。同年、国王はインドに脱出した。翌年、ネルーの斡旋《あっせん》によって、国王を元首とする臨時政府が樹立され、国王のもとでの政党政治がはじまることが期待された。しかし、実際には、国王が自己の権力を強化し、パンチャーヤトという統一的組織を基盤とする統治制度をつくりだし、一九六二年には政党活動が禁止された。

15 新しい秩序の模索

国民会議派支配の終焉

一九六〇年代になると、新生インドは、植民地時代からの矛盾が一気に噴きだしたような困難な時期を迎えた。一九六二年の中印国境紛争の敗北、一九六四年のネルーの死、一九六五年の第二次印パ（インド・パキスタン）戦争は、アジアにおける国際情勢の変化とともに、インドにおける一つの時代の終わりを象徴していた。首相の座は、シャーストリーの短い期間をへて、一九六六年にネルーの娘インディラ・ガンディーにひき継がれ、会議派は、いぜんとして与党でありつづけた。しかし、経済状態の悪化と地方政党の台頭が、その基盤を揺るがせはじめていた。会議派の勢力後退は、一九六七年の第四回総選挙に際して、西ベンガル州とケーララ州で共産党を含む統一戦線が、マドラス州では反バラモン運動をつづけてきたタミル民族主義政党ドラヴィダ進歩連盟（ＤＭＫ）が州政府を成立させたことからも明らかであった。

それに対して、インディラは、会議派の長老ボスたちを追放し、銀行の国有化を断

インディラ・ガンディー（提供：時事通信社）

行し、「貧困追放」をスローガンに掲げることによって、予定より早い一九七一年の第五回総選挙に大勝した。しかし、先にパンジャーブなどの地に導入した「緑の革命」（食料不足の克服のために、高収量品種の普及をめざした農業上の技術革新政策）は、農村の経済格差を増大させ、一九七〇年代に入っての第三次印パ戦争、石油危機、干ばつは経済危機をもたらし、暴動が続発した。ガンディー主義の社会改革者として知られたJ・P・ナーラーヤンは、ビハールの学生運動を支援し、その動きは、やがて新しい野党連合のジャナター党（人民党）の結成と、全面的反政府運動へと発展した。インディラは、非常事態宣言と憲法の改正によってそれを乗り切ろうとしたが、その行き過ぎから一九七七年の選挙で大敗した。しかし、デサーイーが首相として政権の座についたジャナター党も、連合体としての内紛と一九七九年の経済危機によって分裂し、一九八〇年、インディラが政権を奪回した。

一九八〇年代は、地方での新しい民族主義と中央の強権政治との間に軋轢《あつれき》がいっそう高まった時期であった。地方民族主義の動きは、パンジャーブ、アッサム、南インドなどで顕著であったが、その一例をなすパンジャーブの地は、一九五六年の州再編成後、再度の改編をへて、シク教徒を多数とするパンジャービー語州として確定されていた。シク教徒の半数近くはジャート・カーストであったが、「緑の革命」によって豊かになった上層の者たちは、彼らの富が中央政府によって一方的に吸い上げられることに大きな不満をもち、転落した下層農民はシク教の純化運動に救いを見いだしていた。

シク教徒の過激派は、カーリスターンという独立国家の建設をめざしたが、インディラは、分離運動を徹底的に弾圧した。一九八四年、過激派の立てこもるシク教総本山黄金寺院への軍隊突入（六月）は、両者の対立を決定的なものとし、ついにインディラの暗殺（十月）をひき起こした。政権は、息子のラジーヴ・ガンディーがひき継ぎ、一九八〇年代初頭からインディラによって進められた経済の自由化政策をさらに推し進めたが、地方組織の基盤を失った会議派は、大衆と遊離し、スウェーデンのボフォールズ社からの武器輸入にからむ汚職事件をひき起こした。その結果、一九八九年の選挙では、再び野党連合の国民戦線に敗れた。

国民戦線には、ヒンドゥー至上主義団体ＲＳＳと深い関係をもつインド人民党（ＢＪＰ）や共産党（自主派）も加わっていたが、ジャナター党のＶ・Ｐ・シングが首相となった。彼は、後進諸カーストへの保護を勧告する「マンダル委員会報告」を尊重し、中央政府の公務員に対する留保制度（特別割当てによって一定の数を優先的に確保する制度）を導入しようとした。勧告は、それまで会議派政権によって棚上げされてきたもので、実施に対しては、これによって不利益をこうむる北インド上層カーストの学生を中心とした激しい反対運動が起こった。独立以来、かつての不可触民は会議派政権によって留保制度をはじめとする保護を与えられ、また上層の企業家たちと地主階級も会議派と結んで利益の分配にあずかってきた。そのしわよせは、両者にはさまれた中間の中・下層、とくに南インドと異なって、州政府によってもそのような保護を与えられていない北インドの後進諸カーストに集中し、シング内閣は、その不満をすくいあげようとしたのであった。

アヨーディヤー問題の意味するもの

しかし、学生を中心とする反対運動は、カースト対立を助長し、その「はけ口」として、ヒンドゥー・ムスリム間のコミュナル対立をも再燃させることとなった。ＢＪＰは、一九八五年以降、イスラーム原理主義に対して警戒を強めていたが、この機会をとらえて、ムスリムとの対立を激化させるアヨーディヤーのラーマ寺院再建運動を展開した。それを抑えようとして、彼らの支持を失ったシング内閣は崩壊した。一九九〇年十一月にチャンドラ・シェーカルがそれを継いだが、混乱を収拾することができず、一九九一年五月に総選挙が行われた。それに際して起こった会議派総裁ラジーヴ・ガンディー暗殺は、政局の混乱をいっそう助長することとなったが、選挙では、野党の会議派がかろうじて勝ち、ナラシンハ・ラオが首相に就任した。

彼は、蔵相にテクノクラートのマンモーハン・シングを起用し、種々の規制緩和、ルピー切り下げ、貿易手続きの簡素化などを含む抜本的な経済自由化政策を断行した。この政策は、いちおうの成功を収め、その後のインド経済は、立ち直りの状況を見せている。しかし、問題はＢＪＰのひき起こしたコミュナリズムで、彼らの煽動《せんどう》によって、一九九二年十二月にアヨーディヤーでついにモスク（バーブリー・マスジッド）が破壊され、各地で暴動が発生した。アヨーディヤーには『ラーマーヤナ』の主人公のラーマ王子の生誕寺院があったのだが、バーブルの時代に、それをムスリムが破壊してモスクを建てたというのがＢＪＰ側の見解で、したがって、ＢＪＰはそれを壊してラーマ寺院を再建しようというのである。

実際に破壊が行われたことの影響は、インド国内にとどまらず、パキスタン、バングラデシュなどでも、抗議やヒンドゥー教徒への攻撃が続発した。ラオ政権は、ＢＪ

Pが州政権の座にあったウッタル・プラデーシュほか四州に大統領の直接統治を導入し、BJPのほか、事件とかかわりをもつRSSおよびムスリム過激派の組織を非合法化した。暴動は、やがて沈静し、モスク破壊の動きを阻止できなかった責任問題は生じたものの、ラオ政権は、非難をBJPに集中させることによってその事態を切り抜けた。しかし、対応を誤れば、多数のヒンドゥー教徒を敵に回すことになるだけに、この問題に対するはっきりした態度を示せずにいた。

その後、ラオ政権は、会議派内の組織がためを行い、一九九三年十一月に行われた大統領直接統治下の四州での州議会選挙で、ヒマーチャル・プラデーシュ、マディヤ・プラデーシュの二州で、政権を奪回した。しかし、ラージャスタンでは、非合法化を解かれたBJPが政権を奪回し、ウッタル・プラデーシュでは、指定カーストの支持をうける大衆社会党（BSP）と後進カーストを基盤とする社会党（SP）の連合が得票を伸ばし、政権を奪取した。会議派にも、BJPにも背を向けた新しい状況の出現である。

一九九四年十一月にカルナータカ、アーンドラ・プラデーシュ、シッキム、ゴアの諸州、翌年三月にはマハーラーシュトラ、グジャラートの諸州で選挙が行われ、会議派は、ゴアを除いて惨敗した。アーンドラ・プラデーシュでは地方民族政党テルグ・デーサムが圧勝し、マハーラーシュトラではBJPと地方民族政党シヴ・セーナ（S

S）の連立政権が、グジャラートではBJP政権が成立した。その結果、会議派政権が成立している州は、パンジャーブ、ハリヤーナ、マディヤ・プラデーシュ、オリッサの四州のほかは、トリプラを除く東北部諸州に限られることになった。会議派敗退の原因は、経済自由化の恩恵が社会の下層にまで達しなかったことと、会議派内部での権力闘争によるものと分析されている。

しかし、より大きな視点から眺めれば、現在のインド社会には、経済自由化とも関連する貧富の差、留保制度とも関連するカーストの政治利用、そして、地方政党の躍進に見られる地方民族主義の高まりが大きな問題として存在する。そして、どの政党にせよ、一党でこれらすべてを解決することは不可能である。独立後会議派の求心力が失われて以降、言語民族・カースト・経済階層に分断されているインドを統一する原理は何なのか、それが、果たして宗教に求められなければならないのかどうか、そのことが問われているのである。

冷戦崩壊後の外交問題として注目されるのは、中国との急接近である。両首脳の相互訪問も実現し、関係が改善された。いまひとつ注目されるのは、インドとアセアン諸国との接近である。とくにシンガポールとの関係が強化されたが、さらに、インド洋をめぐる経済協力機構の設立に、南アフリカ共和国とオーストラリアが熱心で、実現へ向けての動きが強まった。

バングラデシュの誕生とパキスタンの混迷

アユーブ・ハーン統治下のパキスタンでは、一九六二年に憲法の改正が行われた。自由化・近代化計画を進めようとしたアユーブが、国名からイスラームの文字を外したことは、伝統的ウラマー層の反発を買い、一九六五年に起こったカシミール問題をめぐる第二次印パ戦争も、彼の不人気をもたらす結果に終わった。その間、東部ではアワミ連盟を率いるムジブル・ラフマンが、西部ではパキスタン人民党（PPP）を設立したズルフィカル・アリー・ブットーが大きく勢力を伸長させ、反政府キャンペーンを展開していた。そのような状況下で、一九六九年、政権は、軍部のヤヒヤー・ハーンに譲り渡された。一九七〇年には選挙が行われたが、東部ではアワミ連盟が圧倒的強さを見せ、再び四州に再編成された西部では、PPPが大勝した。

東部ベンガルでは、パキスタン成立後、彼らがジュートなどの輸出で得た外貨を西部に吸い上げられる構造と、人口が多いにもかかわらず、中央政官界から締めだされる傾向に不満が高まっていた。アワミ連盟の圧勝で力を得た彼らは、中央に対して改善の要求を突きつけ、弾圧が加えられると、一九七一年四月、ついにパキスタンからの独立を宣言した。これは内戦に発展し、ゲリラ戦がつづいたが、独立を支持していたインドは同年十二月に軍事介入に踏み切り、第三次印パ戦争が勃発した。戦いはインド軍の勝利に終わってバングラデシュが誕生し、初代大統領には、西部での監禁を解かれて帰国したアワミ連盟のムジブル・ラフマンが就任した。パキスタンでは、ヤヒヤーがパキスタン人民党のブットーに政権を譲り渡した。

ブットー政権は、民間企業の国有化などの社会主義路線をとり、一九七三年には議院内閣制を定める新憲法を発布した。しかし、反対派やバローチ民族の分離主義運動などへの弾圧を強化したため社会不安が広がり、外交政策における西側との衝突も困難をひき起こした。その結果、一九七七年にはジアウル・ハックによる軍事クーデタが起こり、ブットーは処刑された。ジア（ウル・ハック）は、国民投票を行って再びパキスタンのイスラーム化を断行、また、一九八五年に憲法を改正し大統領の権限を強化した。彼は、戒厳令を解除して軍民関係の改善をも図ったが、一九八八年、飛行機事故で命を落とした。

その後の選挙（一九八八年）では、処刑されたズルフィカル・アリー・ブットーの娘ベーナジール・ブットーがPPPを率いて勝ち、イスラーム世界初の女性首相となったが、軍部と軋轢《あつれき》があり、一九九〇年、大統領の非常大権発動により解任された。その後は、ジアの信任を得ていた経済界出身のナワーズ・シャリーフが首相となった。シンド州におけるインドからの避難民（ムハージル）による民族運動（MQM）、インドにおけるアヨーディヤー問題の波及、冷戦後の米国の政策変化など、困難な問題をかかえながらも、彼は、ブットーの時代に国営化された企業の民営化を中心とする経済自由化政策を推進した。また、イラン、トルコと組むイスラーム圏の経済協力機構（ECO）の活動を強化し、ソヴィエト崩壊後に参加国は十か国に増大した。

しかし、彼も、大統領と衝突し、一九九三年に総選挙が行われた。その結果、ベナージール・ブットーが首相として復帰し、つづいて大統領にも同派のレガーリーが選出された。しかし、彼女もまた、憲法改正問題、農業所得税問題など、多くの問題をかかえ苦難の道を歩んでいる。

バングラデシュでは、ムジブル・ラフマンが重要産業の国営化政策を実行し、一九七二年には憲法が制定された。そこでは、ナショナリズム・社会主義・民主主義・政教分離主義が国家政策の四原則として掲げられていた。一九七三年の選挙ではアワミ連盟が圧勝したが、独立以来の経済の混乱はつづき、社会不安が増大した。それを強権発動によって乗り切ろうとしたムジブルは、一九七五年、軍部のクーデターによって家族とともに暗殺された。

その後は、主として軍内部の勢力争いから、政権はクーデタによって倒される状況がつづいたが、一九七五年から八一年にかけて政権をにぎったジアウル・ラフマンは、言語的、領域的、イスラーム・ナショナリズムを標榜《ひょうぼう》し、国内の対立勢力の妥協を図った。彼のもとで、アワミ連盟に対抗するバングラデシュ民族主義党（BNP）が結成された。

一九八二年には、クーデタによって、エルシャドが政権を奪取した。彼は、軍の下層部を基盤に勢力を確立し、一九八六年、大統領となって強権政治を行った。これに対して一九九〇年、アワミ連盟とBNPが連合して反エルシャド民主化運動を展開した。アワミ連盟を率いたのはムジブル・ラフマンの娘シェイク・ハシナ、BNPを率いたのはジアウル・ラフマン夫人カレダ・ジアであった。一九九一年二月、学生を動員した激しい選挙の結果、BNPが第一党となり、カレダ政権が出現した。彼女は、同年九月、大統領制を廃して議院内閣制を復活させた。民間主導の経済政策を進めた結果、経済的にはいちおうの安定が得られつつあるものの、ミャンマーから難民が流入するなど、つぎつぎと困難な問題が起こって、野党との対立が激化している。

スリランカの紛争とネパールの新しい波

セイロン（スリランカ）では、一九五八年、バンダーラナーヤカ政権のシンハラ・オンリー政策に反対するタミル人の暴動が起こり、翌年、彼らに対して多少の譲歩を行おうとしたバンダーラナーヤカは、急進シンハラ仏教徒の手で暗殺された。その後は、統一国民党との政権交代はあったものの、夫人のシュリマウォが後を継ぎ、政治的にはシンハラ民族主義、経済的には社会主義的な政策をとり続けた。一九七二年には新しく憲法を制定し、政体を自治領から共和国に、国名をセイロンからスリランカに変更した。しかし、この憲法で仏教とシンハラ語に特別の地位を与えたことは、その後の政治に大きな影響を与えることになった。

シュリマウォの社会主義的経済政策の行きづまりから、一九七七年、統一国民党のジャヤワルダナが政権をとると、翌年、大統領となって権力を強化し、経済的には自由化政策を進めた。しかし、急激な自由化への移行はインフレをもたらし、シンハラ農村の青年層の間に不満が高まった。彼らはそのはけ口を少数民族としてのタミル人に向け、政府のシンハラ人優遇政策もタミル人を独立国家イーラムの要求と過激派の暴発へと追いやった。

一九八三年には、ジャフナとコロンボを中心に大暴動が起こって、シンハラ、タミル両民族の争いは内戦状態に突入した。北部東部は「タミル・イーラム解放の虎」（LTTE）をはじめとするタミル人ゲリラ組織が支配し、政府軍との攻防戦がつづいた。一九八七年から九〇年にかけては、インド政府とスリランカ政府の折衝によって、その地区にインド平和維持軍が駐留したが、事態は改善されず、撤退後に政府軍とLTTEとの戦闘が再開された。一九八八年、政権は統一国民党のプレマダーサ大統領にひき継がれ、彼は、それまでのエリート主義を排して、ポピュリズムの政治をめざしたが、一九九三年にコロンボの街頭で暗殺された。

それにともない、首相のヴィジェトゥンガが大統領となり、彼は、ジャヤワルダナの路線を復活させた。しかし、一九九四年八月の総選挙では、スリランカ自由党を中心とする野党連合の人民同盟が勝ち、シュリマウォの娘チャンドリカ・クマーラトゥンガが首相となった。続いて十一月に行われた大統領選挙にも勝って自らが大統領となり、シュリマウォを首相に任命した。また、彼女は、民族紛争の終結に意欲を燃やし、LTTEと和平交渉を行った。

ネパールでは、一九五一年に王政が復活し、一九六二年以降は政党を認めないパンチャーヤト体制による支配がつづいていた。しかし、政党制を求める民衆の力が高まり、インドの圧力もあって、一九九〇年に政治改革が断行された。それによって、ネパールは、立憲君主制度のもとでの主権在民国家となり、パンチャーヤト制も廃止された。一九九一年の選挙では、共産党を抑えてネパール会議派が過半数を制し、コイララが首相となって新しい民主主義的体制づくりにとり組んだ。インドとの関係は改善されたが、経済状態は好転せず、会議派内部の派閥抗争も激化した。一九九四年七月にコイララ首相が辞任し、十一月に総選挙が行われたが、統一共産党が第一党となり、書記長のアディカーリが首相に就任した。

一九七〇年代から構想の立てられていた南アジアの地域協力機構の設立が、一九八〇年代に入って実際化し、一九八五年にバングラデシュのダッカに、インド・パキスタン・ネパール・ブータン・バングラデシュ・スリランカ・モルディヴの七か国首相が集まって、南アジア地域協力連合（SAARC）が発足した。超大国インドを含む南アジアで、この機構が、国家間の関係を調整して、地域の発展に寄与していくことが目的であるが、スリランカの民族紛争、インドでのアヨーディヤー問題など、足枷《あしかせ》となる事柄が多く、必ずしも満足な活動が行われているわけではない。しかし、一九九三年四月にダッカで開かれた首脳会議では、南アジア域内特恵貿易協定も基本合意に達した。

参考文献

1 通史・概説・総論

J・ネルー著　辻直四郎・飯塚浩二・蠟山芳郎訳『インドの発見』上、下　岩波書店　一九五三、五六
山本達郎編『インド史』(「世界各国史」10) 山川出版社　一九六〇
R・ターパル著　辛島昇・小西正捷・山崎元一訳『インド史』1、2　みすず書房　一九七〇、七二
P・スピィア著　大内穂・李素玲・笠原立晃訳『インド史』3　みすず書房　一九七五
辛島昇編『インド入門』東京大学出版会　一九七七
近藤治『インドの歴史』(「新書東洋史」6) 講談社 (講談社現代新書) 一九七七
小西正捷『多様のインド世界』(「人間の世界歴史」8) 三省堂　一九八一
辛島昇編『インド世界の歴史像』(「民族の世界史」7) 山川出版社　一九八五
山崎利男『悠久のインド』(「ビジュアル版世界の歴史」4) 講談社　一九八五
石井溥編『もっと知りたいネパール』弘文堂　一九八六

杉本良男編『もっと知りたいスリランカ』弘文堂　一九八七
小西正捷編『もっと知りたいパキスタン』弘文堂　一九八七
佐藤宏・内藤雅雄・柳沢悠編『もっと知りたいインド』Ⅰ　弘文堂　一九八九
臼田雅之・押川文子・小谷汪之編『もっと知りたいインド』Ⅱ　弘文堂　一九八九
辛島昇・奈良康明『インドの顔』（「生活の世界歴史」5）河出書房新社（河出文庫）一九九一（初版一九七五）
山崎利男・高橋満編『日本とインド交流の歴史』三省堂（三省堂選書）一九九三
辛島昇『南アジア』（「地域からの世界史」5）朝日新聞社　一九九二
辛島昇監修『インド』（読んで旅する世界の歴史と文化）新潮社　一九九二
辛島昇編『ドラヴィダの世界——インド入門Ⅱ』東京大学出版会　一九九四

2　宗教・思想・文学

玉城康四郎『近代インド思想の形成』東京大学出版会　一九六五
辻直四郎『インド文明の曙』岩波書店（岩波新書）一九六七
中村元『インド思想史』岩波書店（岩波全書）一九六八
中村元『ゴータマ・ブッダ』（「中村元選集」11）春秋社　一九六九
辻直四郎『サンスクリット文学史』岩波書店（岩波全書）一九七三

田中於菟彌『酔花集――インド学論文・訳詩集』春秋社　一九七四
エリアーデ著　立川武蔵訳『ヨーガ』1、2（「エリアーデ著作集」9、10）せりか書房　一九七八、八一
荒松雄『ヒンドゥー教とイスラム教』岩波書店（岩波新書）一九七七
田中於菟彌・坂田貞二『インドの文学』ピタカ　一九七八
カーリダーサ著　辻直四郎訳『シャクンタラー姫』岩波書店（岩波文庫）一九七七
中村元『ヒンドゥー教史』（「世界宗教史叢書」6）山川出版社　一九七九
奈良康明『仏教史』I（「世界宗教史叢書」7）山川出版社　一九七九
S・N・ダスグプタ著　高島淳訳『ヨーガとヒンドゥー神秘主義』せりか書房　一九七九
立川武蔵他『ヒンドゥーの神々』せりか書房　一九八〇
ヴァールミーキ著　岩本裕訳『ラーマーヤナ』1、2　平凡社（東洋文庫）一九八〇、八五
矢野道雄編『インド天文学・数学集』（科学の名著1）朝日新聞社　一九八〇
上村勝彦『インド神話』東京書籍　一九八一
山室静・野間宏・森本達雄・我妻和男編『タゴール著作集』全12巻　第三文明社

一九八一〜八八
早島鏡正・高崎直道・原実・前田専学『インド思想史』東京大学出版会　一九八二
M・ウェーバー著　深沢宏訳『ヒンドゥー教と仏教』日貿出版社　一九八三
高崎直道『仏教入門』東京大学出版会　一九八三
ラージャーゴーパーラーチャリ著　奈良毅・田中嫺玉訳『マハーバーラタ』上、中、下　第三文明社（レグルス文庫）一九八三
坂田貞二・前田式子・辛島昇・西岡直樹訳『インドの昔話』上、下　春秋社　一九八三
定方晟『インド宇宙誌』春秋社　一九八五
菅沼晃編『インド神話伝説辞典』東京堂出版　一九八五
コール&サンビー著　溝上富夫訳『シク教――教義と歴史』筑摩書房　一九八六
クリシャン・チャンダル著　謝秀麗編・訳『ペシャーワル急行』（現代インド文学選集1）めこん　一九八六
モーハン・ラーケーシュ著　田中敏雄他訳『焼跡の主』（現代インド文学選集2）めこん　一九八九
ビーシュム・サーヘニー著　田中敏雄訳『タマス』（アジアの現代文芸　インド2）大同生命国際文化基金　一九九一

田中於菟彌『インド・色好みの構造』春秋社　一九九一
山折哲雄『聖と俗のインド』有学書林　一九九二
H・ドゥヴィヴェーディー著　坂田貞二・宮元啓一・橋本泰元訳『インド・大地の讃歌――中世民衆文化とヒンディー文学』春秋社　一九九二
辛島昇ほか監修『南アジアを知る事典』平凡社　一九九二
ジボナノンド・ダーシュ著　臼田雅之訳『詩集　美わしのベンガル』花神社　一九九二
モハッシェタ・デビ著　大西正幸訳『ジャグモーハンの死』（現代インド文学選集3）めこん　一九九二
上村勝彦・宮元啓一編『インドの夢・インドの愛――サンスクリット・アンソロジー』春秋社　一九九四
藤山覚一郎・横山優子訳『遊女の足蹴――古典インド劇・チャトゥルバーニー』春秋社　一九九四
K・P・プールナ・チャンドラ・テージャスウィ著　井上恭子訳『マレナード物語』（現代インド文学選集4）めこん　一九九四

3　古代

D・D・コーサンビー著　山崎利男訳『インド古代史』岩波書店　一九六六
M・ウィラー著　小谷仲男訳『インダス文明の流れ』創元社　一九七一
塚本啓祥『アショーカ王碑文』第三文明社（レグルス文庫）一九七六
辛島昇・桑山正進・小西正捷・山崎元一『インダス文明――インド文化の源流をなすもの』日本放送出版協会（NHKブックス）一九八〇
山崎元一『アショーカ王とその時代』春秋社　一九八二
カウティリヤ著　上村勝彦訳『実利論』上、下　岩波書店（岩波文庫）一九八四
R・S・シャルマ著　山崎元一・山崎利男訳『古代インドの歴史』山川出版社　一九八五
R・ターパル著　山崎元一・成沢光訳『国家の起源と伝承――古代インド社会史論』法政大学出版局　一九八六
山崎元一『古代インド社会の研究――社会の構造と庶民・下層民』刀水書房　一九八七
B・K・ターパル著　小西正捷・小磯学訳『インド考古学の新発見』雄山閣出版　一九九〇
渡瀬信之『マヌ法典――ヒンドゥー教世界の原型』中央公論社（中公新書）一九

九〇
山崎元一『古代インドの王権と宗教——王とバラモン』刀水書房　一九九四
A・H・ダーニー著　小西正捷・宗臺秀明訳『パキスタン考古学の新発見』雄山閣出版　一九九五

4　中世

リンスホーテン著　岩生成一他訳注『東方案内記』(「大航海時代叢書」1—8) 岩波書店　一九六八
マルコ・ポーロ著　愛宕松男訳注『東方見聞録』1、2　平凡社（東洋文庫）一九七〇、七一
深沢宏『インド社会経済史研究』東洋経済新報社　一九七二
イブン・バットゥータ著　前嶋信次訳『三大陸周遊記』(「世界探検全集」2) 河出書房新社　一九七七
M・ヘーダエートゥッラ著　宮元啓一訳『中世インドの神秘思想——ヒンドゥー・ムスリム交流史』刀水書房　一九八一
佐藤正哲『ムガル期インドの国家と社会』春秋社　一九八二
M・N・ピアスン著　生田滋訳『ポルトガルとインド——中世グジャラートの商人

と支配者』岩波書店　一九八四
モンセラーテ、パイス、ヌーネス著　清水広一郎他訳『ムガル帝国誌・ヴィジャヤナガル王国誌』(「大航海時代叢書」II—5)　岩波書店　一九八四
深沢宏『インド農村社会経済史の研究』東洋経済新報社　一九八七
J・A・デュボア著　重松伸司訳注『カーストの民——ヒンドゥーの習俗と儀礼』平凡社(東洋文庫)　一九八八
立松和平・辛島昇他『十字架の冒険者／インド胡椒海岸』(「海のシルクロード」3)日本放送出版協会　一九八八
小谷汪之『インドの中世社会』岩波書店　一九八九
荒松雄『中世インドの権力と宗教——ムスリム遺跡は物語る』岩波書店　一九八九

5　近現代

R・パームダット著　大形孝平訳『現代インド』岩波書店　一九五六
H・R・アイザックス著　我妻洋・佐々木譲訳『神の子ら——忘れられた差別社会』新潮社(新潮選書)　一九七〇
中村平治編『インド現代史の展望』青木書店　一九七二
森本達雄『インド独立史』中央公論社(中公新書)　一九七二

桐生稔『バングラデシュ――インド亜大陸の夜明け』時事通信社　一九七二
山中一郎編『現代パキスタンの研究一九四七～一九七一』アジア経済研究所　一九七三
山折哲雄『ガンディーとネルー』評論社　一九七四
吉岡昭彦『インドとイギリス』岩波書店（岩波新書）一九七五
山口博一編『現代インド政治史試論』アジア経済研究所　一九七五
中村平治『南アジア現代史』Ⅰ（「世界現代史」9）山川出版社　一九七七
加賀谷寛・浜口恒夫編『南アジア現代史』Ⅱ（「世界現代史」10）山川出版社　一九七七
大内穂編『インド憲法の基本問題』アジア経済研究所　一九七八
山崎元一『インド社会と新仏教――アンベードカルの人と思想』刀水書房　一九七九
K・ナイヤル著　黒沢一晃訳『インド政治の解剖』サイマル出版会　一九七九
長崎暢子『インド大反乱一八五七年』中央公論社（中公新書）一九八一
中村平治『現代インド政治史研究』東京大学出版会　一九八一
ラピエール&コリンズ著　杉辺利英訳『今夜、自由を』上、下　早川書房（ハヤカワ文庫）一九八一（初版一九七七）

山際素男『不可触民――もう一つのインド』三一書房　一九八一
小谷汪之『共同体と近代』青木書店　一九八二
ガンジー著　蠟山芳郎訳『ガンジー自伝』中央公論社（中公文庫）一九八三
K・クリパラーニ著　森本達雄訳『ガンディーの生涯』上、下　第三文明社（レグルス文庫）一九八三
丸山静雄『インド国民軍』岩波書店（岩波新書）一九八五
E・M・S・ナンブーディリッパードゥ著　大形孝平訳『マハートマとガンディー主義』研文出版　一九八五
小谷汪之『大地の子――インドの近代における抵抗と背理』（「新しい世界史」1）東京大学出版会　一九八六
B・L・C・ジョンソン著　山中一郎・佐藤宏他訳『南アジアの国土と経済』全4巻　二宮書店　一九八六、八七
内藤雅雄『ガンディーをめぐる青年群像』（「歴史のなかの若者たち」6）三省堂　一九八七
絵所秀紀『現代インド経済研究』法政大学出版局　一九八七
V・N・バラスブラマニヤム著　古賀正則監訳『インド経済概論――途上国開発戦略の再検討』東京大学出版会　一九八八

斎藤吉史『インドの現代政治』朝日新聞社　一九八八
伊藤正二編『インドの工業化――岐路に立つハイコスト経済』アジア経済研究所　一九八八
中村尚司『スリランカ水利研究序説――灌漑農業の史的考察』論創社　一九八八
佐藤宏編『南アジア現代史と国民統合』アジア経済研究所　一九八八
山中一郎編『南アジア諸国の経済開発計画』アジア経済研究所　一九八八
長崎暢子『インド独立――逆光の中のチャンドラ・ボース』朝日新聞社　一九八九
押川文子編『インドの社会経済発展とカースト』アジア経済研究所　一九九〇
西口章雄・浜口恒夫編『インド経済〔新版〕』世界思想社　一九九〇
松井透『世界市場の形成』岩波書店　一九九一
佐藤宏編『南アジア――経済』(「地域研究シリーズ」7) アジア経済研究所　一九九一
佐藤宏編『南アジア――政治・社会』(「地域研究シリーズ」8) アジア経済研究所　一九九一
スミット・サルカール著　長崎暢子他訳『新しいインド近代史』1、2　研文出版　一九九三
伊藤正二・絵所秀紀『立ち上がるインド経済』日本経済新聞社　一九九五

6　社会・芸術・その他

堀田善衞『インドで考えたこと』岩波書店（岩波新書）一九五七
石田保昭『インドで暮らす』岩波書店（岩波新書）一九六三
山田英世『セイロン――こめとほとけとナショナリズム』桜楓社　一九六七
川喜田二郎編『ネパールの人と文化』古今書院　一九七〇
中尾佐助『秘境ブータン』社会思想社（現代教養文庫）一九七一（初版一九五六）
P・モハンティ著　小西正捷訳『わがふるさとの「インド」』平凡社　一九七五
木村雅昭『インド史の社会構造――カースト制をめぐる歴史社会学』創文社　一九八一
宮治昭『インド美術史』吉川弘文館　一九八一
小泉文夫『民族音楽――アジアの隣人たちの音楽を中心にして』旺文社　一九八二
辛島貴子『私たちのインド』中央公論社（中公文庫）一九八三（初版一九七六）
蛯川真夫『インド人力宇宙船』朝日新聞社（朝日文庫）一九八五（初版一九七九）
藤原新也『インド放浪』朝日新聞社（朝日選書）一九八二
中村礼子『わたしのスリランカ』南雲堂　一九八五
五島昭『インドの大地で――世俗国家の人間模様』中央公論社（中公新書）一九

八六
荒松雄『わが内なるインド』岩波書店　一九八六
バーソロミュー社『インド』（「ワールドマップ・グリーンシリーズ」日本語訳地名付）帝国書院　一九八七
高田修『仏像の誕生』岩波書店（岩波新書）一九八七
ツィンマー著　宮元啓一訳『インド・アート――神話と象徴』せりか書房　一九八八
中村仁文・田村仁写真『ナーダの贈り物――インド音楽のこころ』（ミュージック・ギャラリー）音楽之友社　一九八九
田森雅一『インド音楽との対話』青弓社　一九九〇
立川武蔵『女神たちのインド』せりか書房　一九九〇
宮脇俊三『インド鉄道紀行』角川書店　一九九〇
西岡直樹『インド花綴り――印度植物誌』木犀社　一九八八（続編一九九一）
謝秀麗『花嫁を焼かないで』明石書店　一九九〇
辛島昇他『インド』（「ブルーガイド・ワールド」28）実業之日本社　一九九一
坂田貞二他編『都市の顔・インドの旅』春秋社　一九九一
P・モハンティ著　小西正捷訳『わがふるさとインドの変貌』平凡社　一九九二

矢野道雄『占星術師たちのインド――暦と占いの文化』中央公論社（中公新書）一九九二
林隆夫『インドの数学――ゼロの発明』中央公論社（中公新書）一九九三
小谷汪之『ラーム神話と牝牛』（「これからの世界史」5）平凡社　一九九三
ジョージ・ミッチェル著　神谷武夫訳『ヒンドゥ教の建築』鹿島出版会　一九九三
サタジット・レイ著　森本素世子訳『わが映画インドに始まる』第三文明社　一九九三
長野泰彦・井狩弥介編『インド＝複合文化の構造』法藏館　一九九三
B・C・デーヴァ著　中川博志訳『インド音楽序説』東方出版　一九九四
小谷汪之他編『カースト制度と被差別民』1〜5　明石書店　一九九四―九五
関根康正『ケガレの人類学――南インド・ハリジャンの生活世界』東京大学出版会　一九九五
小西正捷・宮本久義編『インド・道の文化誌』春秋社　一九九五
小西正捷・岩瀬一郎編『図説　インド歴史散歩』河出書房新社　一九九五

年表

年	事項
前二三〇〇頃	インダス文明（〜前一八〇〇頃）
前一五〇〇頃	アーリヤ民族の来住
前一二〇〇頃	『リグ・ヴェーダ』成立
前一一〇〇頃	彩文灰色土器文化（〜前六〇〇頃）
前六〇〇頃	北インドで「十六大国」形成
前六〜五世紀	仏教、ジャイナ教創始（別説：前五〜四世紀）
前三二六	アレクサンドロス、西北インドに侵入
前三一七頃	チャンドラグプタ、マウリヤ朝を創始
前三〜後一世紀	南インドに巨石文化
前二六八頃	アショーカ王、即位（〜前二三二頃）
前一八〇頃	マウリヤ朝滅亡
前一五五頃	バクトリア王国メナンドロス、即位（〜前一三〇頃）

一世紀半ば	『エリュトラー海案内記』成立、インド・ローマ間の交易隆盛
一〇六頃	サータヴァーハナ朝ガウタミープトラ・シャータカルニ、即位（〜前一三〇頃）
一二八頃	クシャーナ朝カニシュカ王、即位（〜一五五頃）
二世紀末	ナーガールジュナ、大乗仏教の理論を確立
二〇〇頃	『マヌ法典』の最終的成立
三二〇頃	チャンドラグプタ一世、グプタ朝を創始
四〜五世紀	カーリダーサ活躍
五五〇頃	グプタ朝滅亡
六〇六	ヴァルダナ朝ハルシャ王、即位（〜六四七）
七世紀前半	チャールキヤ朝プラケーシン二世、ハルシャ王のデカン地方進出を阻止
六四二頃	パッラヴァ朝ナラシンハヴァルマン一世、チャールキヤ朝を破る
七一二	ムハンマド・イブン・アル・カーシム率いるムスリム軍、シンド地方に侵入
七五二頃	デカン地方にラーシュトラクータ朝興起
八三六頃	プラティーハーラ朝ボージャ一世、即位（〜八八五頃）
九世紀半ば	南インドにチョーラ朝再興

九七三	タイラ二世、チャールキヤ朝（後期）を再興
九八八頃〜一〇三〇	ガズナ朝のマフムード、十数回にわたり北インドに侵入
一〇二五	チョーラ朝、シュリーヴィジャヤ王国へ遠征
一〇七〇	東チャールキヤ朝のラージェーンドラ二世、チョーラ朝の王位につきクローットゥンガ一世となる
一一八六	ゴール朝、ガズナ朝を滅ぼす
一二〇六	クトゥブッディーン・アイバク、デリーに奴隷王朝を樹立、デリー・スルタン朝のはじまり
一二三一	デリーのクトゥブ・ミナール建設
一二九〇	ジャラールッディーン、ハルジー朝を創始
一三二〇	ギャースッディーン・トゥグルク、トゥグルク朝を創始
一三三六	ハリハラ一世、ヴィジャヤナガル王国を樹立
一四一四	ヒズル・ハーン、サイイド朝を創始
一四五一	バフロール、ローディー朝を創始
一四九八	ヴァスコ・ダ・ガマ、カリカットに来航
一五二六	パーニーパトの戦い、バーブル、ムガル帝国を樹立

一五五六　ムガル帝国アクバル、即位（～一六〇五）
一六〇〇　イギリス東インド会社設立
一六〇四　シク教徒の聖典『グラント・サーヘブ』編纂
一六七四　シヴァージー即位、マラーター王国樹立
一七〇二　イギリス、カルカッタにウィリアム要塞を建設
一七四四～四八　第一次カーナティック戦争
一七五〇～五四　第二次カーナティック戦争
一七五七　プラッシーの戦い
一七五八～六三　第三次カーナティック戦争
一七六七～六九　第一次マイソール戦争
一七七五～八二　第一次マラーター戦争
一七八〇～八四　第二次マイソール戦争
一七九〇～九二　第三次マイソール戦争
一七九三　ザミーンダーリー制施行
一七九九　第四次マイソール戦争
一八〇三～〇五　第二次マラーター戦争
一八一七～一八　第三次マラーター戦争

一八四五〜四六	第一次シク戦争
一八五七	インド大反乱
一八七七	ヴィクトリア女王、インド皇帝兼任を声明
一八八五	第一回インド国民会議
一九〇五	ベンガル分割令発令
一九〇六	全インド・ムスリム連盟創設
一九一五	ガンディー、南アフリカからインドに帰国
一九一九	「アムリトサルの大虐殺」
一九二九	国民会議派大会、プールナ・スワラージ（完全独立）の要求を決議
一九三〇	「塩の行進」
一九三五	アンベードカル、ヒンドゥー教から離脱の意向を表明
一九四〇	ムスリム連盟、パキスタン独立案を決議
一九四三	チャンドラ・ボース、インド国民軍を結成
一九四七	マウントバトン裁定、インドとパキスタン分離独立
一九四八	ガンディー暗殺
一九五〇	インド共和国発足、ネルーが新内閣を組閣
一九五四	ネルー・周恩来会談で平和五原則を声明

一九五六	パキスタン新憲法制定、イスラーム共和国となる、アンベードカル、仏教に改宗
一九五七	ケーララ州に共産党政権成立
一九六四	ネルー首相没
一九七一	バングラデシュ、独立を宣言
一九八四	アムリトサルでの黄金寺院軍隊突入、インディラ・ガンディー首相暗殺
一九八五	南アジア地域協力連合（ＳＡＡＲＣ）発足
一九九二	アヨーディヤーのモスク破壊でインドの各地に暴動発生

解説

大村次郷（写真家）

「鄭和」碑文

辛島昇《からしまのぼる》先生の数々の注文を想い出す。

その一つが、スリランカのコロンボ国立博物館が所蔵する鄭和《ていわ》遠征記念碑の写真撮影である。

取材当時、碑文は一般に非公開で、先生が手配してくださったおかげで、在日本大使館の助力を得たが、なにぶん、刻文の彫りが浅かったため、水でぬらしてようやく撮らせてくれた。よく許してくれたものだ。

碑文には、右手から順に漢語、辛島先生の研究分野のタミル語、そしてペルシア語の三つの言語が確認できる。注目するのは一四〇九年二月二十五日という日付だ。それは明時代の永楽帝（一三六〇～一四二四年）に命じられた鄭和が七回の遠征のうちの第三回目に建立したものだった。

発見されたのはスリランカの南部、植民地の色彩が残る海都ゴールだったという。

永楽帝が鄭和を大海に遣わしたのには時代背景がある。帝の父である洪武帝《こうぶ》時代には海外交易を禁じていた。しかし、人口は増加し、一四〇七年には江蘇《こうそ》省、福建《ふっけん》省のみで七万八四〇〇人もの死者が出ていながら医薬となる香薬草の品不足で対応ができなかった。

それを打開しようと、イスラーム教徒で宦官《かんがん》であった鄭和に、それらを産する地域に遠征し、集めよと命じた。

その規模は大きく、その艦隊は「宝船」と呼ばれた。東アフリカ行きに仕立てられた船は全長が一一八〜一二四メートル、巾《はば》が四八メートル、九本のマスト、その船が三七〇隻、乗り込んだ乗員と兵士が二万七〇〇〇人。それに医師が一八〇人。中国が欲しかった薬草を採集できる人、船の長旅に必要な野菜をつくる船までも併走させていたことをモロッコの旅人イブン・バットゥータが見ている。それだけではなく、水を貯蔵した船、騎馬用の馬を積んだ船もあった。

中国側は医薬品となるものを、たとえばシャム（タイ）では病の治療薬となる大風水の油、毒蛇の解毒剤の犀《さい》の角、骨を強くする鹿の角、皮膚病の塗り薬となる硫黄、そして伽羅《きやら》などの香木、胡椒《こしよう》、カルダモンなどの香辛料などを買いつけた。他の地でも沈香《じんこう》、没薬《もつやく》、龍涎香《りゆうぜんこう》、玳瑁《たいまい》、そして船舵《ふなかじ》に適する硬い木なども買い、かわりに彼らは陶磁器、漆器を持っていった。

コロンブスのような略奪ではなく、文化、宗教の異なった人たちと商いをしようとしたことが、艦隊に同行した馬歓《ばかん》の『瀛涯勝覧《えいがいしょうらん》』などから読みとれる。その本によると、スリランカのあと、ケーララ州のマラバール海岸のカリカット（古里国・現コーリコード）で、胡椒、カルダモン、香木を買いつけている。

また、土地のザモリンという首領と親交を深めている。行政能力、司法制度にも触れている。インド人が計算に二十本の手足の指を使っていることなども観察している。首領が鄭和と同じイスラーム教徒ということもあったのだが、彼は一四〇六年十二月から翌年の四月末まで滞在した記録がある。

彼らが遠征で集めた海岸線、水深、星座、宗教などの情報は、後に華僑《かきょう》社会に生かされることになる。

ドーラーヴィラー遺跡の発見

インダス文明都市遺跡（前二五〇〇～前一八〇〇年）が新たに発見されたと二〇〇〇年三月四日の『朝日新聞』に掲載された。

ちょうどその時、私はその発掘現場にいた。「遺跡がカッチ湿原なので、その後、居住者がいなかったことで原形をとどめた」と辛島先生が解説を寄せている。

それはインド西部グジャラート州、カーティアーワール半島、カッチ湿原カディール島、ブジから北へ二四〇キロに位置する。あたりは塩がふき出した地で、かつて海であったと察しがつく。

新たに発見されたこの都市遺跡ドーラーヴィラーの規模は、すでに知られているモエンジョ・ダーロ級だった。

遺跡はパキスタンとの国境の地域で警察監督行政区なので、たとえインド考古局の許可証を持っていても入りにくい。

主都は人工区の東区にあり、その広さは東西に一四二、南北に一三〇メートル、盛り土の高さが一五メートル。モエンジョ・ダーロは焼成レンガであるが、ドーラーヴィラーは石積みだ。

次に注目するのは、城塞と市街が重なっていることである。塩がふき出す地なので、住民の飲み水は巨大な井戸ともうひとつ雨水を地下に貯めて使っていた。

城塞部の南と東に岩をくりぬいて造られた貯水槽は深さが七メートル、縦が二五メートル、横が一〇メートルの巨大な槽で、それが城塞部を囲む。その意味で水の要塞とも研究者は言う。

遺跡を発見するきっかけとなったのは、郵便配達夫がひろったモエンジョ・ダーロでなじみの凍石の印章である。発見は一九八七年頃で、インド考古局が組織だって調査を開始したのは一九八九年以降のこと。主に掘ったのはR・S・ビシュト博士である。

脚光をあびたのは城塞北門の床からみつかった十個のインダス文字だ。縦が三〇センチ、横が二七センチの文字には二〇七メートルの囲いがついている。それらの文字は床面に象嵌されるようにある。

インダス文字はフィンランド、ヘルシンキ大学のアスコ・パルポラ博士たちが総力をあげて解読をこころみている。今なお未解読であるが、その文字がみつかった場所から、それが都市名か、はたまた神名か、都市の支配者かを絞り込むことで、未解読文字を読みとける兆しがあると期待されている。

さらにロマンティックな話は、この文明とメソポタミア文明が、アラビア海を介して繋《つな》がっていたことである。

ドーラーヴィラーの特産品である紅玉髄についての記述がメソポタミアの交易を記録する粘土板にある。アッカドのシャルルキーン王（紀元前二三四〇～前二二八四年）時代のことだ。交易記録の粘土板からも未解読文字が読める手がかりを摑めるかもしれない。

生前、辛島先生はドーラーヴィラーの住民がアーリア系なのかドラヴィダ系なのか、国史にかかわることなので、うかつに言えないと言っていたのが印象に残る。

ブリハディーシュヴァラ寺院

タミル・ナードゥ州のブリハディーシュヴァラ寺にある壁画を撮って欲しいという要望が辛島先生からあった。ニューデリーで考古局からの許可証を所持していても、壁画のあるヴィマーナ（本堂）内に入ることはどうしても許されなかった。神聖な場所に外部の者が足を踏み入れることは、たとえ行政が許しても、寺院として認めるわけにはいかなかったのである。

正に、宗教が生きている瞬間を見せつけられたのである。

辛島先生がオックスフォード大学出版局から出された、副題に「チョーラ朝からヴィジャヤナガル王国へ」とある本の表紙には、チョーラ朝の最盛期であるラージャラージャ一世（在位九八五〜一〇一六年）が建てた、南インド最大のヒンドゥー教のこの寺の写真が使われている。その寺の壁画の撮影が厄介だったのだ。本文85ページの写真がその寺院である。

壁画のあるヴィマーナ（本堂）は、十三層からなる高さが六〇メートルで、シヴァ神に捧げたものだ。先生が要望したのはその中に一九三〇年に漆喰《しっくい》内からみつかった舞姫や楽士の壁画の写真だった。舞姫は未婚で、神に踊りを捧げる女性で、シヴァ神との結婚儀礼があって、選ばれた巫女《みこ》をデーヴァダーシと言う。

六〇メートルの塔は、シヴァ神が住むカイラース山（須弥山《しゅみせん》）を想起すると言われる。同じような形で岩の中に彫られるようにあるのが、ヒンドゥー教の至宝といわれるマハーラーシュトラ州エローラ、第十六窟のカイラーサナータ窟である。

壁画のある本堂ヴィマーナの部屋は、ガルバグリハといい、子宮にたとえられる。異教徒が入ってはならない聖なる空間である。

先生からの要望はインドに今も宗教が息づくことを教えられた機会だった。こういう世界があるのがまた、インドの魅力である。

ヴィジャヤナガル王国

先生からブリハディーシュヴァラ寺院に次いで声がかかったのは、ヴィジャヤナガル王国のヴィッタル寺（本文113ページ写真）だった。その寺があるところはハンピと言って、その王国は、十四世紀前半から十七世紀半ばまであった最後のヒンドゥー教の王国であった。ヴィッタル寺は、王国最盛期にクリシュナデーヴァラーヤ王がヴィシュヌ神を奉るために建てた寺である。先生がお好きだったのは、マンダパ堂の屋根を支える、歌舞を興じるヤーリーという想像上の動物だ。それの上に乗っているのはもしかしたら王の姿ではないかと言われている。

この都市遺跡は、カンボジアのアンコール遺跡なみに広範囲である。寺のみで七つ。花崗岩《かこうがん》の岩塊がゴロゴロ転がっていて、その中にはシヴァ神の息子である象の鼻を持つガネーシャが刻まれているものがあったりする。

ポルトガル商人、ドミンゴス・パイス著『ヴィジャヤナガル王国誌』に残されているように、ハンピはヒンドゥー教の色彩が強いが、ヨーロッパ、アラブとの交易が盛んで、ポルトガル、中国の商人の動静がわかるのがこの遺跡の特徴だ。

インド叙事詩『ラーマーヤナ』で、魔王ラーヴァナにさらわれたシーター妃をラーマ王子は猿のハヌマーンたちの力をかりて奪還。その時にハヌマーンがラーヴァナの軍に投げつけた石のつぶてがここに転がる花崗岩だと土地の人たちは言う。

重要なのは、王国時代に入るが、馬貿易の様子を記録した壁画がマドラス（現チェンナイ）の近くのティルプダイマルドゥールのナルングナープル寺塔門にある。アラブ商人がペルシアから船で馬を運ぶ様子が描かれている。先生から撮影の要望があったその壁画は明かりがない塔門内にあり、まっ暗闇の中で発電機の明かりをつけると、突然眼前にとび出してきた、船べりから首を出す馬にしばし見とれてしまった。

カレーの話

南インドの取材時にはいつも協力してくれる運転手のタキ・フセインが瓶に入った鉄さび色の水を見せてくれた。「ここの水はひどい。家族に見せる」と言う。

ケーララ州、マラバール海岸、カリカットでのことだった。鄭和が古里国という字

現代のＩＴ企業で働くインド人もカレーを日常的に食べる

をあてた港町である。

鄭和は第一回目の遠征、一四〇五年にもカリカットを訪れている。この港町は中国人が欲しがった胡椒、カルダモンの取引で古来から知られた地である。

鄭和は、どういうわけかこの地を西洋と考えていた。香辛料にも興味があったが、この地の首領ザモリンとは対等に付き合おうとしていた。

この地マラバール海岸は、ヴァスコ・ダ・ガマがこれらの香辛料を求めて一四九八年にたどりついた地なのだ。

カレーの歴史に詳しかった辛島先生は、このカリカットを含むコーチン（現コチ）、ゴアあたりがカレーの発祥の地だと考えておられた。長らくチョーラ朝の碑文などを通して「学」としてカレーを見続けてきた先生の右に出る人はいない。

辛島先生の話では、タミル語と同じくドラヴィダ系のカンナダ語のカリルが、十六、十七世紀にポルトガル、オランダ人へ「カリル」として伝わり、英語の「カレー」の語源になったのだそうだ。

辛島先生の歴史学はチョーラ期の碑文にその基礎があると素人の私は見る。先生にその方向づけをしたのはハワイ大学のバートン・シュタイン先生で、植民地時代に拓かれたウーティ（ウータカマンド）にある碑文を集めているインド政府考古学碑文資料に出会えたのだ。

その刻文の拓本どりに立ち会ったことがある。マドラスの郊外の寺にシヴァ神が奉られていて、その本堂壁の刻文だった。

そこには、毎日の儀礼のしかた、供え物についての記述がある。

カレーには五つのスパイスが大切で、その筆頭に胡椒をあらわすミラフがある。それに次いでマンジャル（うこん）、ジーラハ（ヒメウイキョウ、クミン）、カドフ（からし）、コッタンバル（コリアンダー）が重要であると刻文にも確認されている。

鄭和やヴァスコ・ダ・ガマが、その値打ちは金に等しいと考えた香辛料が、本当に神への供物に入っていたことを見つけられた先生の喜びはひとしおだったに違いない。

ゴアの食文化は、ポルトガルを通して西洋と混り合ったものである。その典型としてのカレー、ヴィンダールを、ゴアの古いホテル、マンドヴィーでコックに作ってもらい、辛島先生と私は試食した。それはワインビネガーを使った、ポルトガルのカルネ・デ・ヴィーニョ・エ・アリョスが源となっている。それにはこの地でタブーとされる豚肉を使っていた。

ヨーロッパとインドの味が合わさったのが、日本に伝来したカレーであることは、疑う余地がない。

晩年、先生は鎌倉のご自宅にインド学者を招いて、書斎に二人でこもって碑文の読解に明け暮れた。その一人が一か月も滞在されたスッバラーヤル先生で、毎日三度のカレーの食事を先生の奥様が作ったと聞く。

海のシルクロード

ゴアのマンドヴィー・ホテルに宿泊していた辛島先生のところにシラトリパティ博士がたずねて、集めた中国陶器の破片をひろげた。先生に鑑定してもらおうとしたのだ。先生はチョーラ朝の碑文、カレー学の専門家でもあるが、海上の交易研究でも際立っていた。

研究材料となる中国陶器は、食文化のタブーが多いインドでは食器として受け容れられなかった。特に南インドでは、バナナの葉を食器がわりとする。このように、他人の口に触れた器を使いたがらない習慣は今も残っている。

にもかかわらず、南インドの海岸で陶器片がたくさん拾われるのは、地政学的にここからインド洋、アラビア海、紅海を経由してエジプトのイスラーム最古の町フスタートに陶磁器が運ばれたからだ。

先生がよく話してくださったが、この「陶磁の道」を提唱されたのは三上次男《みかみつぎお》先生である。研究によれば一万五〇〇〇キロ離れた中国からエジプトには、七、八世紀の唐時代から十六、十七世紀の清時代までの陶器が陸上げされている。先生のフィールドであるインドはその中継ぎだったのだ。

陶片を鑑定する辛島昇先生

鄭和艦隊は十二月から一月の季節風を利用してインドまで船を進め、そこからアラビアのダゥ船に積みかえた。「ヒッパロス」とローマ人がそう呼んだ季節風を利用したのだ。

先生の論文で多用されているのは、ベトナム南部メコン川の支流にあったオケオ遺跡の出土物だ。ここは中国とローマをつないだ海都で、その大きさは長さが三キロ、巾《はば》が一・五キロ。その遺跡は、フランス極東学院のルイ・マルレが一九四二年から八年かけて調査した。

出土したのは陶磁器ばかりではない。胡椒などの香辛料や貴石の取引に使われた、ローマのデメトリウス銀貨が五四〇〇枚、アウレウス金貨が八〇〇枚もオケオに出ているし、タミル・ナードゥ州、エロードのコドゥマナル遺跡からはアポロン像が出土している。

かつて私は取材で、モンスーンで水びたしのこの遺跡にヘリコプターでおりたことがある。その正確な位置は北緯八度三十三分、東経一〇五度四十分。

ここから見つかったマルクス・アウレリウスのローマ金貨、中国後漢《ごかん》の夔鳳鏡《きほうきょう》（本文51ページ写真）が超重要だ。

『後漢書』には、日南《にちなん》（ベトナム）からやってきた大秦王《だいしん》の使いと称するものが、象《ぞう》牙《げ》、犀角《さいかく》、玳瑁《たいまい》などを皇帝に献上したとある。一六六年のことだ。オケオは海道王国、扶南《ふなん》（一～七世紀）の地で、インドのアマラーヴァティーの仏像も出土している交易都市だった。

海上交易で忘れてはならないのは、辛島先生とインド人の考古学者が、南タイ、ナコンシータマラートのクロントム寺でみつけた「ペルンパダンの石」である。当時のタミルの動向がわかるもので、それはグルンパダンという、四世紀ごろのタミル人の金細工師の所有物であった。

石は深さが二〇センチくらいの箱の底に入っていた。一〇五ミリのマイクロレンズがなかったならとても撮れる状況ではなかった。

「明日からインドへいく」と言うと、先生から必ず深夜に、欲しい写真の注文が入るのが常だった。

目的地からはとんでもない離れた距離の場所にあるものもあったが、今となっては、歴史を語るのにはすべてが必要なものばかりだった。

本書は、一九九六年三月に放送大学教育振興会より刊行された『南アジアの歴史と文化』を改題し、文庫化したものです。

インド史《し》

南《みなみ》アジアの歴史《れきし》と文化《ぶんか》

辛島《からしま》 昇《のぼる》

令和3年 11月25日　初版発行
令和6年 11月25日　6版発行

発行者●山下直久

発行●株式会社KADOKAWA
〒102-8177　東京都千代田区富士見2-13-3
電話　0570-002-301（ナビダイヤル）

角川文庫 22927

印刷所●株式会社KADOKAWA
製本所●株式会社KADOKAWA

表紙画●和田三造

ISBN 978-4-04-111850-4　C0122

角川文庫発刊に際して

角川源義

第二次世界大戦の敗北は、軍事力の敗北であった以上に、私たちの若い文化力の敗退であった。私たちの文化が戦争に対して如何に無力であり、単なるあだ花に過ぎなかったかを、私たちは身を以て体験し痛感した。西洋近代文化の摂取にとって、明治以後八十年の歳月は決して短かすぎたとは言えない。にもかかわらず、近代文化の伝統を確立し、自由な批判と柔軟な良識に富む文化層として自らを形成することに私たちは失敗して来た。そしてこれは、各層への文化の普及滲透を任務とする出版人の責任でもあった。

一九四五年以来、私たちは再び振出しに戻り、第一歩から踏み出すことを余儀なくされた。これは大きな不幸ではあるが、反面、これまでの混沌・未熟・歪曲の中にあった我が国の文化に秩序と確たる基礎を齎らすためには絶好の機会でもある。角川書店は、このような祖国の文化的危機にあたり、微力をも顧みず再建の礎石たるべき抱負と決意とをもって出発したが、ここに創立以来の念願を果すべく角川文庫を発刊する。これまで刊行されたあらゆる全集叢書文庫類の長所と短所とを検討し、古今東西の不朽の典籍を、良心的編集のもとに、廉価に、そして書架にふさわしい美本として、多くのひとびとに提供しようとする。しかし私たちは徒らに百科全書的な知識のジレッタントを作ることを目的とせず、あくまで祖国の文化に秩序と再建への道を示し、この文庫を角川書店の栄ある事業として、今後永久に継続発展せしめ、学芸と教養との殿堂として大成せんことを期したい。多くの読書子の愛情ある忠言と支持とによって、この希望と抱負とを完遂せしめられんことを願う。

一九四九年五月三日

角川ソフィア文庫ベストセラー

イスラーム世界史　後藤　明

肥沃な三日月地帯に産声をあげる前史から、宗教としての成立、民衆への浸透、多様化と拡大、近代化、そして民族と国家の20世紀へ――。イスラーム史の第一人者が日本人に語りかける、100の世界史物語。

日本人のための第一次世界大戦史　板谷敏彦

今の世界情勢は、第一次世界大戦の開戦前夜と瓜二つ――。日本人だけが知らない彼の戦争の全貌を、政治・経済・金融・メディア・テクノロジーなどの様々な切り口から、旧来の研究の枠を超えて描き出す。

感染症の世界史　石　弘之

コレラ、エボラ出血熱、インフルエンザ……征服しては新たな姿となって生まれ変わる微生物と、人類は長い「軍拡競争」の歴史を繰り返してきた。40億年の地球環境史の視点から、感染症の正体にせまる。

鉄条網の世界史　石　弘之・石　紀美子

鉄条網は19世紀のアメリカで、家畜を守るために発明された。一方で、いつしか人々を分断するために用いられていく。この負の発明はいかに人々の運命を変えたのか。全容を追った唯一無二の近現代史。

キリスト教でたどるアメリカ史　森本あんり

合衆国の理念を形作ってきたキリスト教。アメリカ大陸の「発見」から現代の反知性主義に至るまで、宗教国家・アメリカの歩みを通覧する1冊。神学研究のトップランナーが記す、新しいアメリカ史。

角川ソフィア文庫ベストセラー

ブッダ伝
生涯と思想
中村　元

煩悩を滅する道をみずから歩み、人々に教え諭したブッダ。出家、悟り、初の説法など生涯の画期となった出来事をたどり、人はいかに生きるべきかを深い慈悲とともに説いたブッダの心を、忠実、平易に伝える。

ブッダが考えたこと
仏教のはじまりを読む
宮元啓一

仏教の開祖ゴータマは「真理」として何を悟り、〈ブッダ＝目覚めた人〉となりえたのか。そして最初期の仏教はいかに生まれたのか。従来の仏教学が見落としてきた、その哲学的独創性へと分け入る刺激的論考。

わかる仏教史
宮元啓一

上座部か大乗か、出家か在家か、実在論か唯名論か、顕教か密教か——。ひとくちに仏教といっても、その内実はさまざま。インドから中国、日本へ、国と時代を超えて展開する歴史を徹底整理した仏教入門。

図解　曼荼羅入門
小峰彌彦

空海の伝えた密教の教えを視覚的に表現する曼荼羅。大画面にひしめきあう一八〇〇体の仏と荘厳の色彩には、いかなる真理が刻み込まれているのか。豊富な図版と絵解きから、仏の世界観を体感できる決定版。

最澄と空海
日本仏教思想の誕生
立川武蔵

日本仏教千年の礎を築いた最澄と、力強い思考から密教の世界観を樹立した空海。アニミズムや山岳信仰の豊穣をとりこみ、インドや中国とも異なる「日本型仏教」を創造した二人の巨人、その思想と生涯に迫る。

角川ソフィア文庫ベストセラー

ダライ・ラマ「死の謎」を説く
ダライ・ラマ
取材・構成／大谷幸三

チベットの精神的指導者ダライ・ラマ一四世が、輪廻転生の死生観を通してチベット仏教の考え方をわかりやすく説く入門書。非暴力で平和を願う、おおらかなダライ・ラマ自身の人柄を髣髴とさせる好著。

ダライ・ラマ般若心経を語る
ダライ・ラマ
取材・構成／大谷幸三

観音菩薩の化身、ダライ・ラマがみずから般若心経の価値と意味を語る！　空、カルマ（業）、輪廻、そして仏教の宇宙観、人間の生と死とは……日本人に最も愛される経典を理解し、仏教思想の真髄に迫る。

禅のすすめ
道元のことば
角田泰隆

『正法眼蔵』『普勧坐禅儀』……数多くの道元の著作から、禅の思想を読み解く。「只管打坐――ただ座る」「空手還郷――あたりまえの素晴らしさ」など、現代社会に通じる普遍的なメッセージの深遠を探る。

自分をみつめる禅問答
南　直哉

「死とはなにか」「生きることに意味はあるのか」――。生について、誰もがぶつかる根源的な問いに、「禅問答」のスタイルで回答。不安定で生きづらい時代に、仏教の本質を知り、人間の真理に迫る画期的な書。

夢中問答入門
禅のこころを読む
西村惠信

救いとは。慈悲とは。禅僧・夢窓疎石が足利尊氏の弟・直義の93の問いに答えた禅の最高傑作『夢中問答』。その核心の教えを抽出し、原文と平易な現代語訳で読みとく。臨済禅の学僧による、日常禅への招待。

角川ソフィア文庫ベストセラー

仏教の思想 1
知恵と慈悲〈ブッダ〉

増谷文雄
梅原猛

インドに生まれ、中国を経て日本に渡ってきた仏教。多様な思想を蔵する仏教の核心を、源流ブッダに立ち返って解明。知恵と慈悲の思想が持つ現代的意義を、ギリシア哲学とキリスト教思想との対比を通じて探る。

仏教の思想 2
存在の分析〈アビダルマ〉

櫻部建
上山春平

ブッダ出現以来、千年の間にインドで展開された仏教思想。読解の鍵となる思想体系「アビダルマ」とは？ ヴァスバンドゥ（世親）の『アビダルマ・コーシャ』を取り上げ、仏教思想の哲学的側面を捉えなおす。

仏教の思想 3
空の論理〈中観〉

梶山雄一
上山春平

『中論』において「あらゆる存在は空である」と説き、論理全体を究極的に否定して根源に潜む神秘主義を肯定したナーガールジュナ（龍樹）。インド大乗仏教思想の源泉のひとつ、中観派の思想の核心を読み解く。

仏教の思想 4
認識と超越〈唯識〉

服部正明
上山春平

アサンガ（無着）やヴァスバンドゥ（世親）によって体系化の緒につき、日本仏教の出発点ともなった「唯識」。仏教思想のもっとも成熟した姿とされ、ヨーガとも深い関わりをもつ唯識思想の本質を浮き彫りにする。

仏教の思想 5
絶対の真理〈天台〉

田村芳朗
梅原猛

六世紀中国における仏教哲学の頂点、天台教学。法然・道元・日蓮・親鸞など鎌倉仏教の創始者たちは、最澄が開宗した日本天台に発する。豊かな宇宙観を湛える、天台教学の哲理と日本の天台本覚思想を解明する。

角川ソフィア文庫ベストセラー

仏教の思想 6
無限の世界観〈華厳〉
鎌田茂雄
上山春平

律令国家をめざす飛鳥・奈良時代の日本に影響を与えた華厳宗の思想とは？　大乗仏教最大巨篇の一つ『華厳経』に基づき、唐代の中国で開花した華厳宗の複雑な教義をやさしく解説。その現代的意義を考察する。

仏教の思想 7
無の探求〈中国禅〉
柳田聖山
梅原猛

『臨済録』などの禅語録が伝える「自由な仏性」を輝かせる偉大な個性の記録を精読。「絶対無の論理」や「禅問答」的な難解な解釈を排し、「安楽に生きる知恵」という観点で禅思想の斬新な読解を展開する。

仏教の思想 8
不安と欣求〈中国浄土〉
塚本善隆
梅原猛

日本の浄土思想の源、中国浄土教。法然、親鸞の魂を震撼し、日本に浄土教宗派を誕生させた善導の魅力、そして中国浄土教の基礎を創った曇鸞のユートピア構想とは？　浄土思想がもつ人間存在への洞察を考察。

仏教の思想 9
生命の海〈空海〉
宮坂宥勝
梅原猛

「弘法さん」「お大師さん」と愛称され、親しまれる弘法大師、空海。生命を力強く肯定した日本を代表する宗教家の生涯と思想を見直し、真言密教の「生命の思想」「森の思想」「曼荼羅の思想」の真価を現代に問う。

仏教の思想 10
絶望と歓喜〈親鸞〉
増谷文雄
梅原猛

親鸞思想の核心とは何か？　『歎異抄』と「悪人正機説」にのみ依拠する親鸞像を排し、主著『教行信証』を軸に、親鸞が挫折と絶望の九〇年の生涯で創造した「生の浄土教」、そして「歓喜の信仰」を捉えなおす。

角川ソフィア文庫ベストセラー

仏教の思想 11
古仏のまねび〈道元〉
高崎直道
梅原　猛

日本の仏教史上、稀にみる偉大な思想体系を残した禅僧、道元。その思想が余すところなく展開された正伝仏法の宝蔵『正法眼蔵』を、仏教思想全体の中で解明。大乗仏教思想の集大成者としての道元像を提示する。

仏教の思想 12
永遠のいのち〈日蓮〉
紀野一義
梅原　猛

「古代仏教へ帰れ」と価値の復興をとなえた日蓮。永遠のいのちを説く「久遠実成」、宮沢賢治に数多の童話を書かせた「山川草木悉皆成仏」の思想など、日蓮の生命論と自然観が持つ現代的な意義を解き明かす。

全品現代語訳 法華経
訳・解説／大角　修

「妙法蓮華経」八巻に「無量義経」「観普賢菩薩行法経」を加えた全十巻三十二品。漢訳経典のもつ霊的なイメージを重視し、長大な法華経を最後まで読み通せるよう現代語訳。小事典やコラムも充実した決定版。

全文現代語訳 浄土三部経
訳・解説／大角　修

日本の歴史と文化に深く浸透している「浄土三部経」（無量寿経、観無量寿経、阿弥陀経）全文を改行や章題・小見出しによる区切りを設け、読みやすく現代語訳。「浄土教の小事典」を付した入門書。

全品現代語訳 大日経・金剛頂経
訳・解説／大角　修

真言密教の二大根本経典の思想性を重視しつつ、親しみやすく全品を現代語訳。『秘密曼荼羅十住心論』など真言宗開祖・空海の主著をはじめ、豊富なコラムや図版、小事典も充実した文庫オリジナルの画期的な入門書。

角川ソフィア文庫ベストセラー

角川ソフィア文庫ベストセラー

よくわかる浄土真宗 重要経典付き
瓜生 中

浄土真宗のはじまり、教義や歴史、ゆかりの寺社にはどんなものがあるのか。基礎知識を丁寧に解説、よく勤行される『和讃』『御文章（御文）』ほか有名経典の原文と現代語訳も一挙収載。書き下ろしの入門書！

よくわかる曹洞宗 重要経典付き
瓜生 中

「禅」の成り立ち、宗祖道元や高僧たちの教えと生涯、ゆかりの寺院などの基礎知識を丁寧に解説。『修証義』『般若心経』『大悲心陀羅尼』ほか有名経典の原文＋現代語訳も収録する、文庫オリジナルの入門書。

よくわかる真言宗 重要経典付き
瓜生 中

密教の教義、本尊と諸尊、空海ゆかりの寺院などの知っておきたい基礎知識を解説。『光明真言』『般若理趣経』『十三仏真言』ほか有名経典の原文＋現代語訳も収録する、文庫オリジナルの入門書。

よくわかる浄土宗 重要経典付き
瓜生 中

浄土宗でよくとなえられる浄土三部経や一枚起請文ほか有名経典の原文と現代語訳を掲載。浄土教の教義、宗祖法然の生涯や各宗派、主要寺院も基礎から解説する、基本の「き」からよくわかる書き下ろし文庫。

よくわかる日蓮宗 重要経典付き
瓜生 中

法華経各品ほか重要経典の原文＋現代語訳を掲載。その教えから歴史・経典・寺院まで、知っておきたい基礎知識を完全網羅！